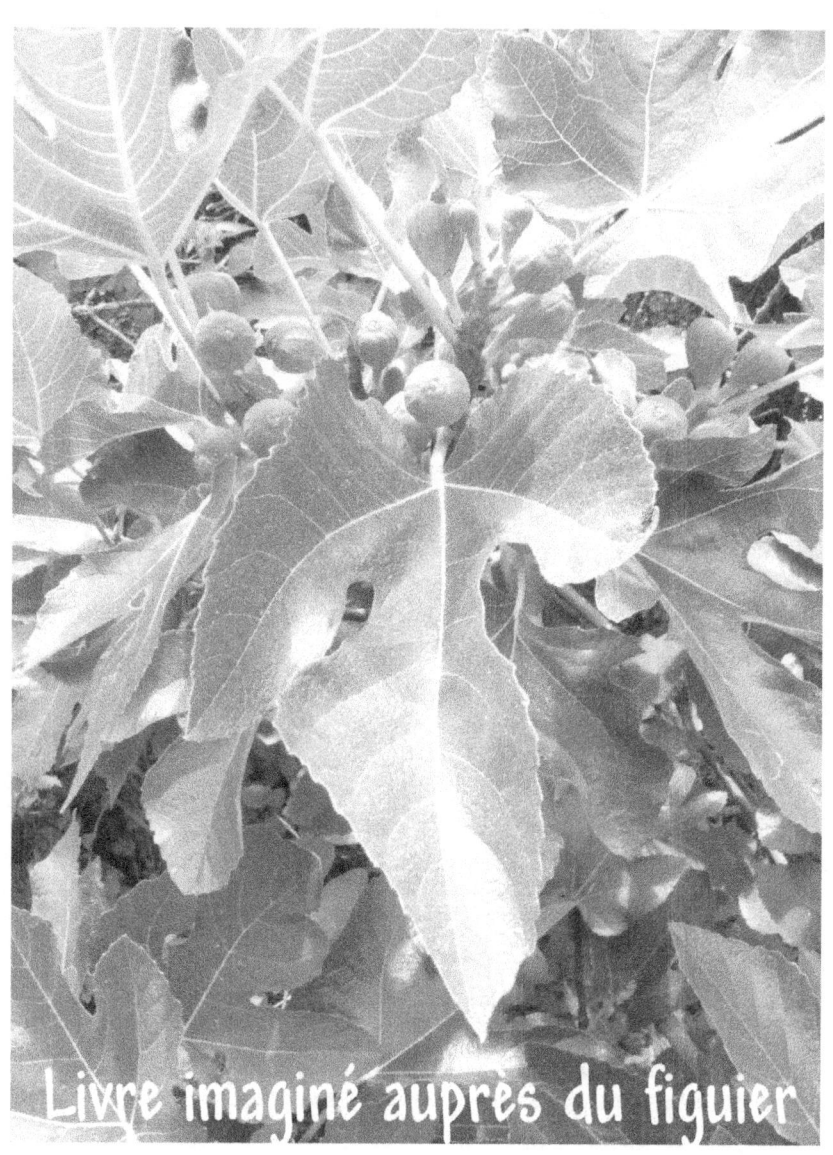

Valprionde, livre d'art

Du même auteur*

Sous le nom de **François-Antoine de Quercy** :

Montcuq, livre d'art
Quercy Blanc, livre d'art
Montaigu de Quercy, livre d'art
Gustave Guiches, *Au fil de la vie*, notice, commentaires, photos

Sous d'autres noms

Romans

Le Roman de la Révolution Numérique
Ils ne sont pas intervenus (le livre des conséquences)
Le roman du show-biz et de la sagesse
Quand les familles sans toit sont entrées dans les maisons fermées
Liberté j'ignorais tant de Toi
Viré, viré, viré, même viré du Rmi !

Théâtre

Neuf femmes et la star
Les secrets de maître Pierre, notaire de campagne
Ça magouille aux assurances
Chanteur, écrivain : même cirque
Deux sœurs et un contrôle fiscal
Amour, sud et chansons
Pourquoi est-il venu ?
Aventures d'écrivains régionaux
Avant les élections présidentielles
Scènes de campagne, scènes du Quercy
Blaise Pascal serait webmaster
Trois femmes et un Amour
J'avais 25 ans
La fille aux 200 doudous

* extrait du catalogue, voir page 126

François-Antoine de Quercy

Valprionde, livre d'art

Jean-Luc Petit éditeur - Collection Lot

L'auteur versant lotois :

http://www.lotois.fr

Tout simplement et logiquement !

Tous droits de traduction, de reproduction, d'utilisation, d'interprétation et d'adaptation réservés pour tous pays, pour toutes planètes, pour tous univers.

Site officiel : http://www.ecrivain.pro

© Jean-Luc PETIT - BP 17 - 46800 Montcuq – France

Valprionde, livre d'art

Valprionde, premier village lotois... en venant du Tarn-et-Garonne... par la route de Montaigu...

Témoigner, laisser une trace de « l'inutile voué à disparaître » fixer sous un angle inédit le "patrimoine", scruter l'ignoré, l'éphémère, le surprenant... Ce qui est ne sera pas forcément demain... Il suffit d'une révolution ou d'un cataclysme pour rayer de la carte des étendues bien plus vastes que ces 15,92 km²... Plus fréquent, des gariottes ou lavoirs s'effondrent, des vitraux se brisent, des pigeonniers se transforment, des arbres coupés, les figues se mangent... Des animaux meurent... Les humains également, je le sais bien... mais vous n'en verrez pas dans ces pages... Et la nature offre au photographe attentif quelques graines d'art... L'art est dans la nature... Nous devons aiguiser notre regard pour le capter... J'ai longtemps marché insensible à certaines beautés... L'appareil photo est ainsi devenu un "troisième œil"...

Le Lot, ce département où j'ai choisi de vivre, donc d'y écrire, d'y photographier. Nous sommes toujours influencés par l'endroit où nous vivons, même en se tenant éloigné des divisions sociales, politiques, culturelles...

156 photos. Ce village comme vous ne l'avez jamais vu. Je suis d'ailleurs le seul à l'avoir observé ainsi !

Naturellement, il ne s'agit nullement, ici, de raconter Valprionde... Des 870 habitants de 1783 (paroisses de Saint-Félix + Saint-Aignan + Valprionde) aux 150 actuels en passant par les 500 de 1901... sûrement un autre bouquin... Alors ? Une "documentation du réel", recomposé, passé par un filtre. Publier, c'est choisir ! Dans cette série "livre d'art" j'ai à maintes reprises l'occasion de placer "le déchet de l'un est l'art de l'autre." Une œuvre doit également faire réfléchir. Que font d'un espace celles et ceux qui y vivent, pour une courte durée, finalement.

Un document comme chaque génération devrait en laisser au moins un... Naturellement, il est plus simple pour moi que pour l'abbé Bessière de réaliser un état des lieux... Il n'avait qu'un cahier, une plume, pour sa monographie.
Cette création sera reproduite en papier et numérique, autant de fois que vous le souhaiterez...
Ce qui ne lui garantit certes pas d'encore exister dans deux cents ans...
Nos œuvres ne tiennent qu'à un fil... pensez aux Lettres à Lucilius de Sénèque, dont il ne resta qu'un exemplaire au Moyen Âge, source de notre réduite connaissance actuelle...

Alors que (presque) tout vacancier repart de nos villages avec des centaines de photos (vive le numérique !), cette contribution permet également de montrer nos paysages en toutes saisons, et avec la réflexion de celui qui photographie en ayant intériorisé les contraintes de la publication...

François-Antoine de Quercy
FAQ
Explorateur du Quercy - http://www.quercy.pro

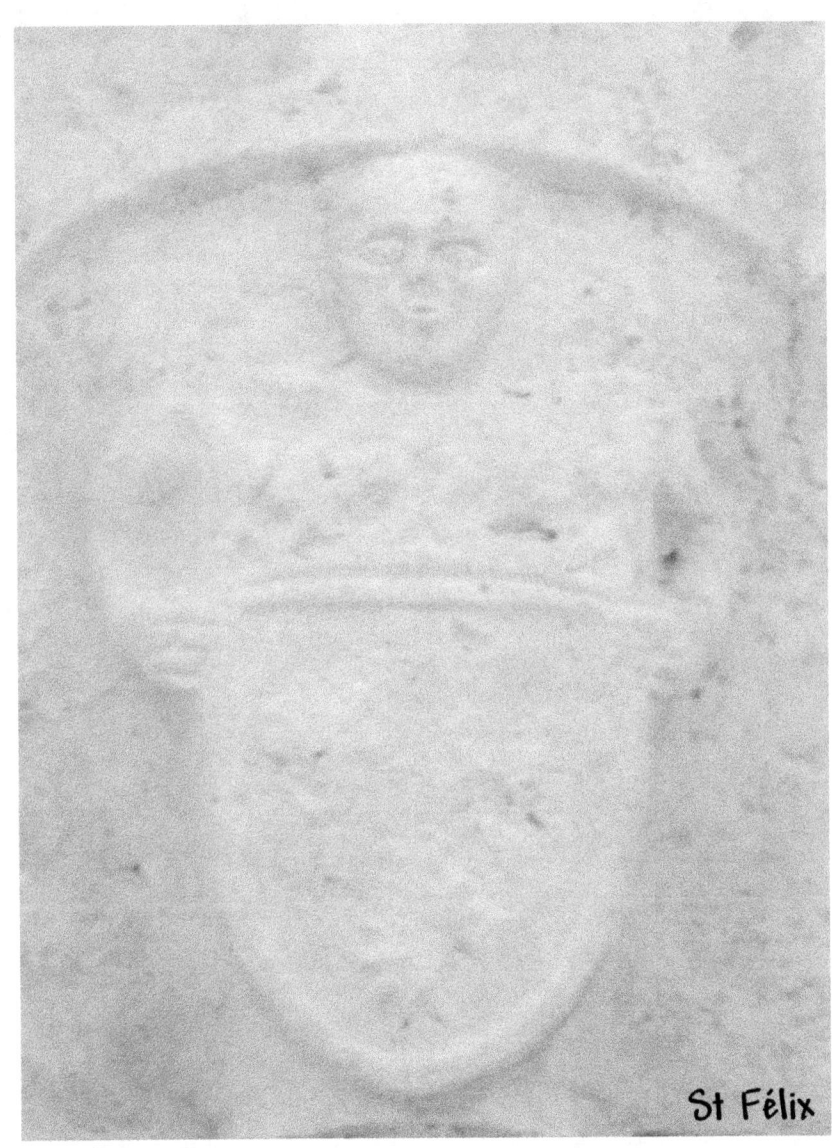

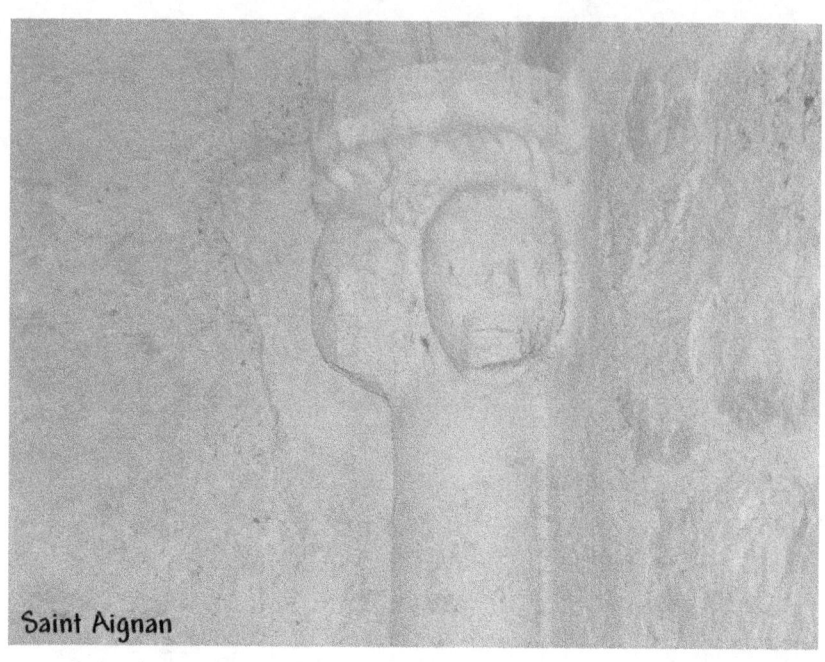

Saint Aignan

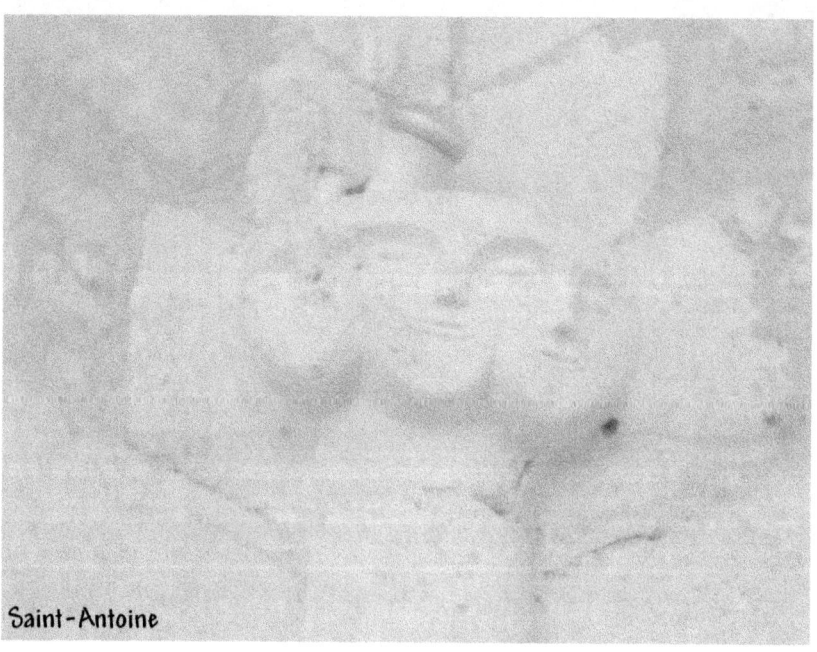

Saint-Antoine

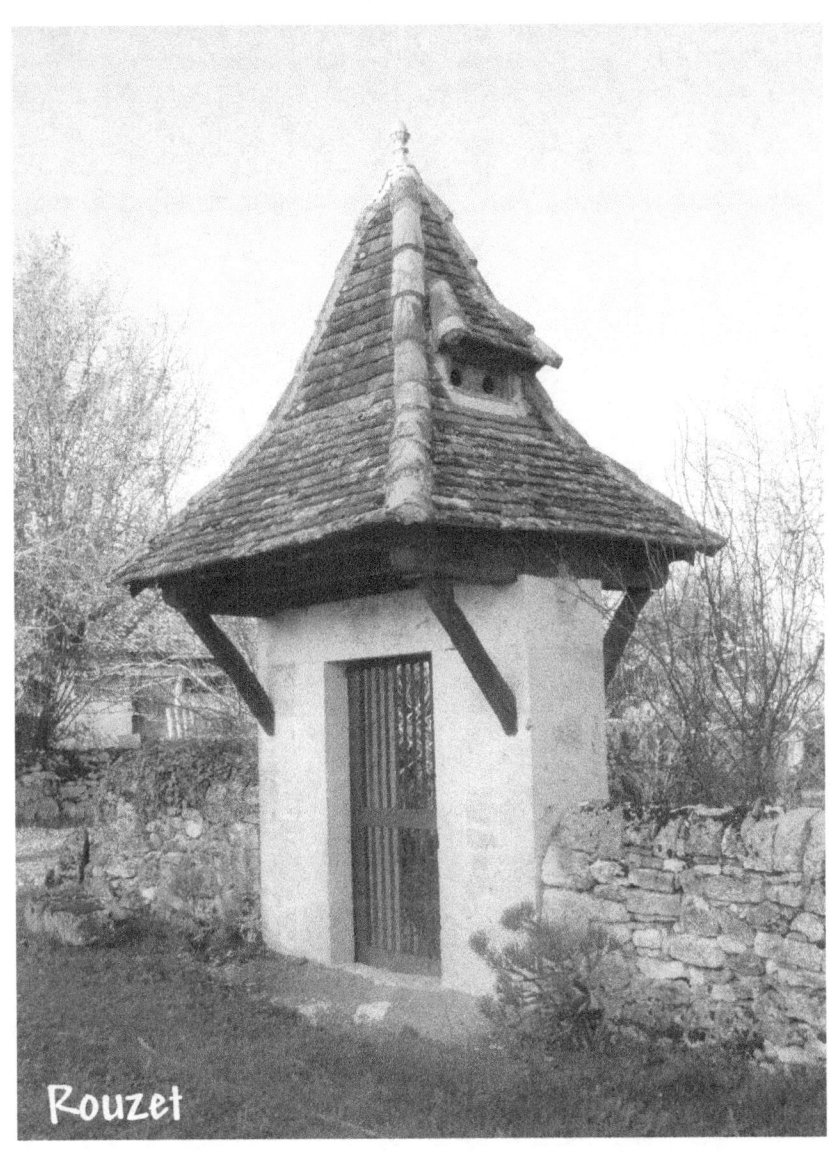

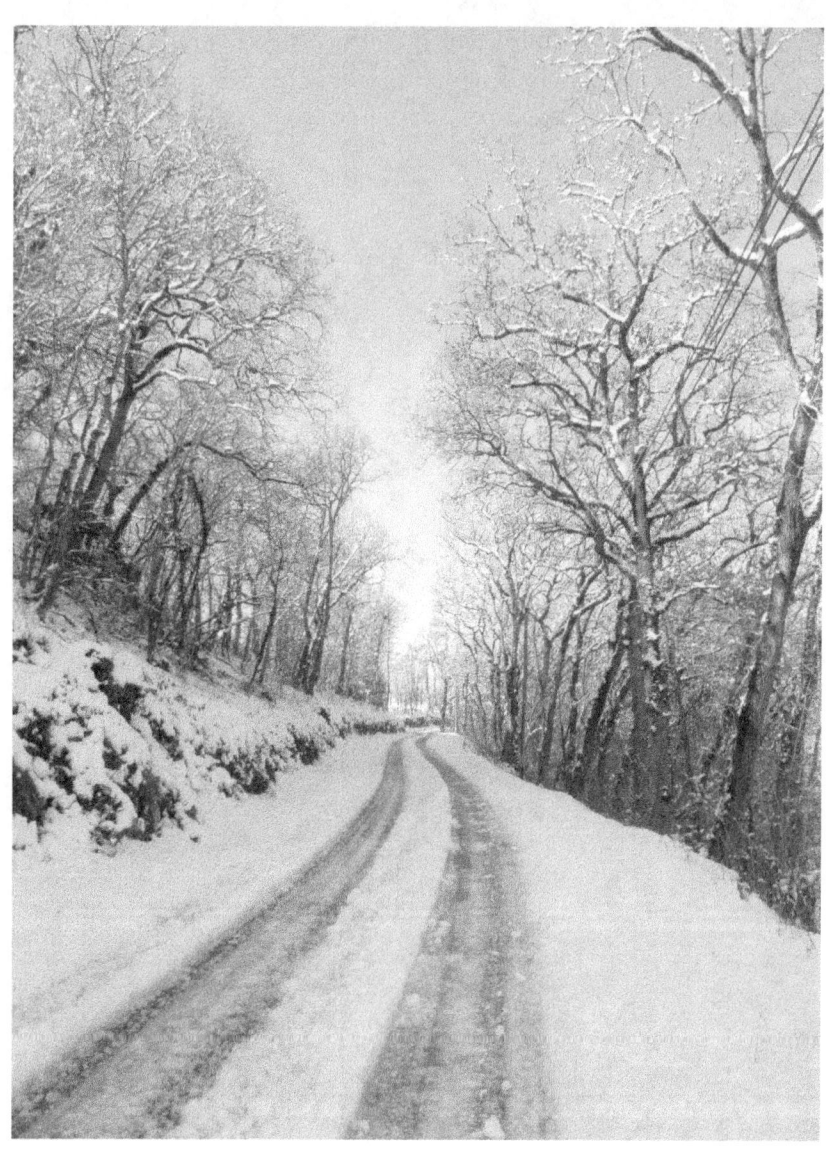

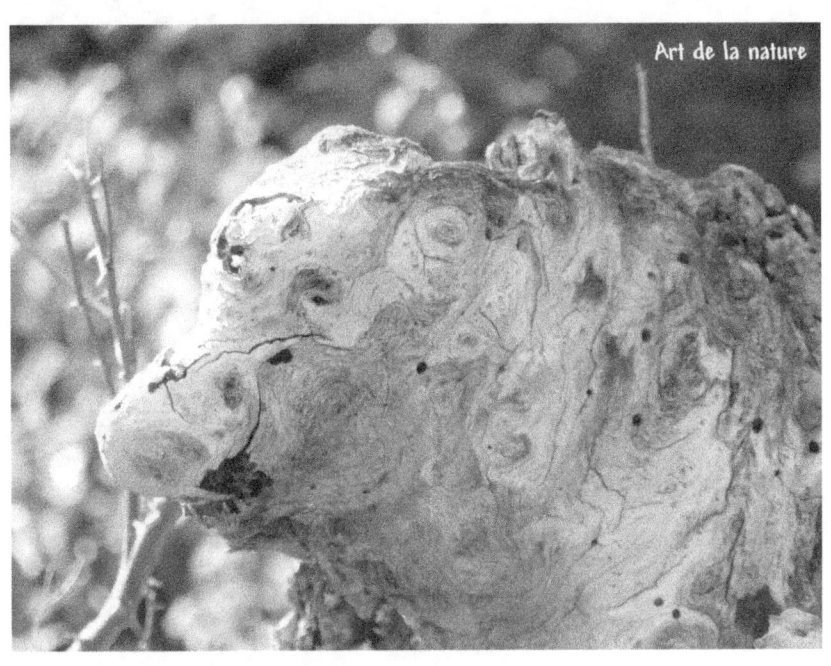

Art de la nature

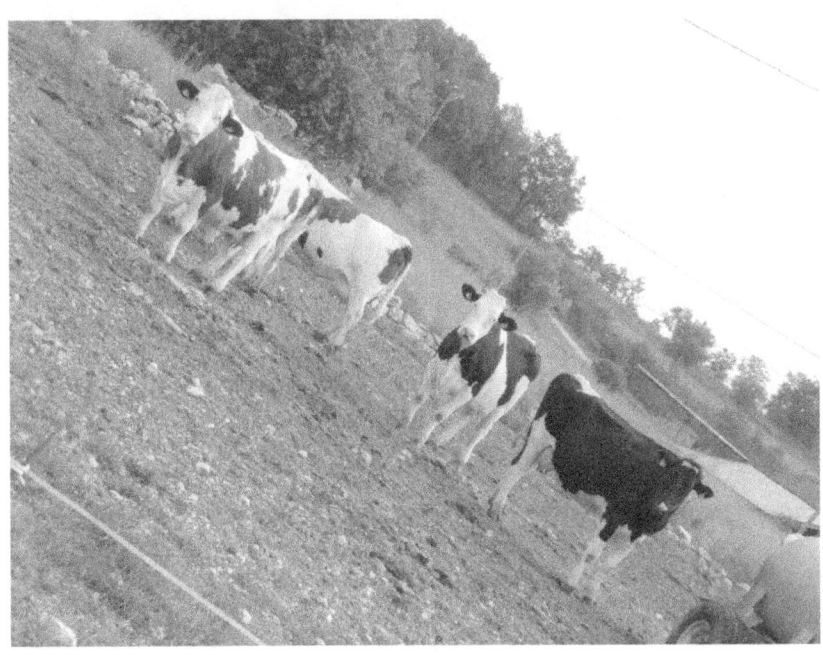

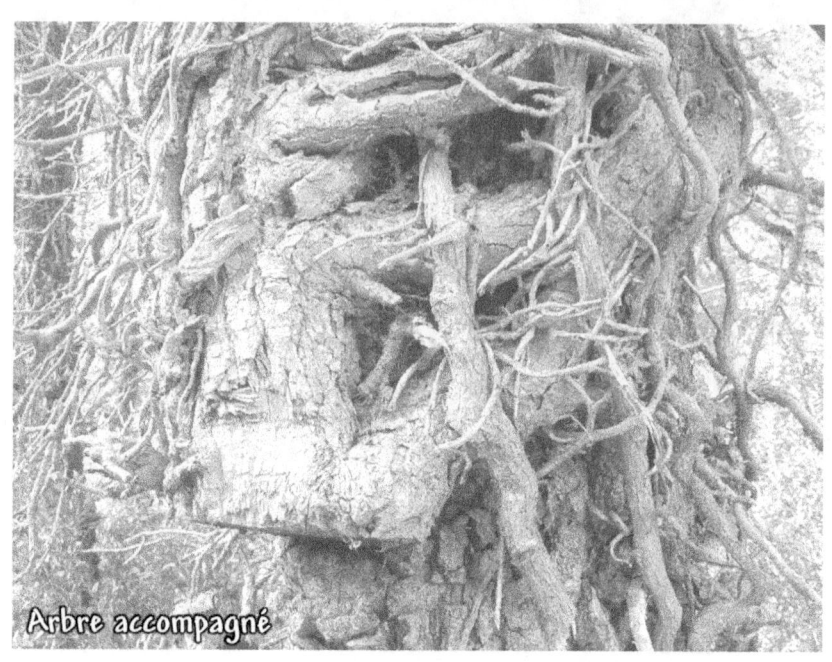
Arbre accompagné

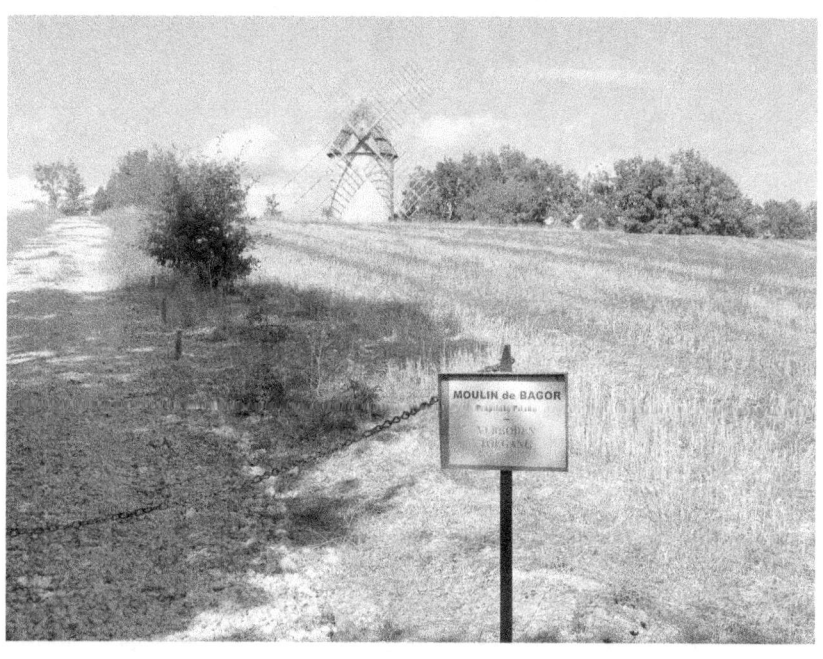

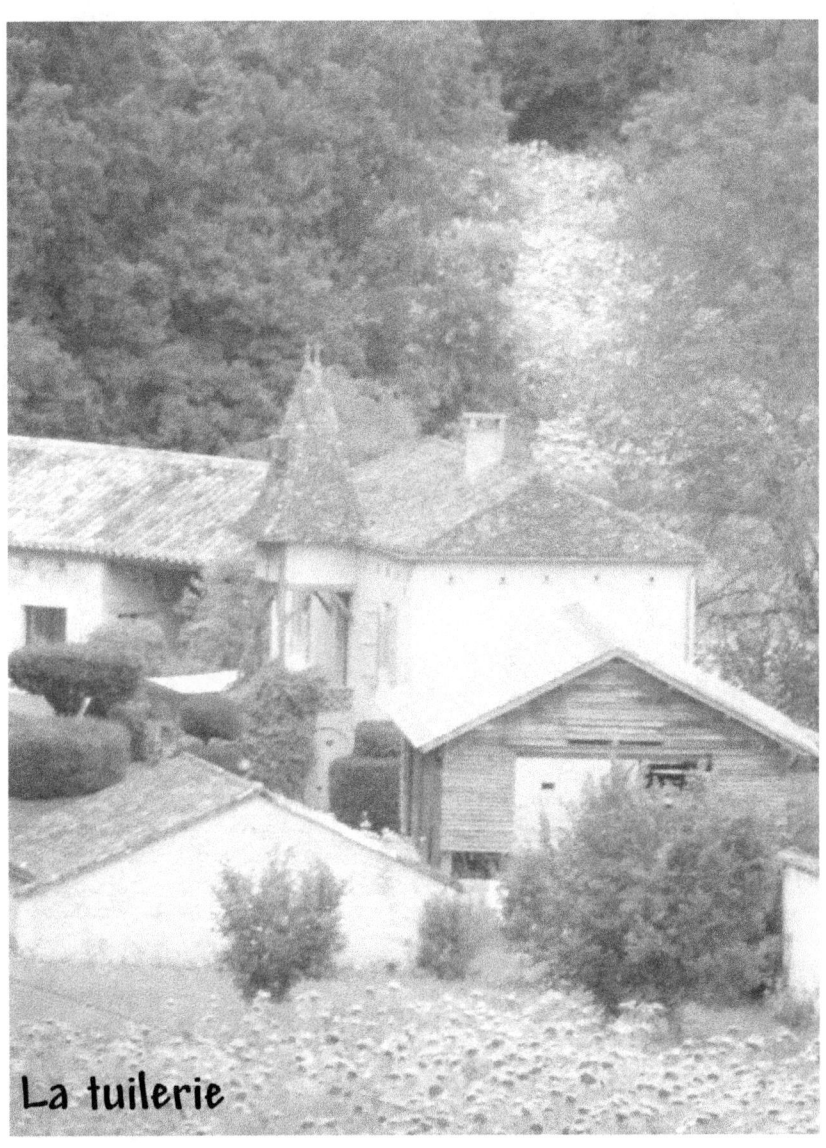
La tuilerie

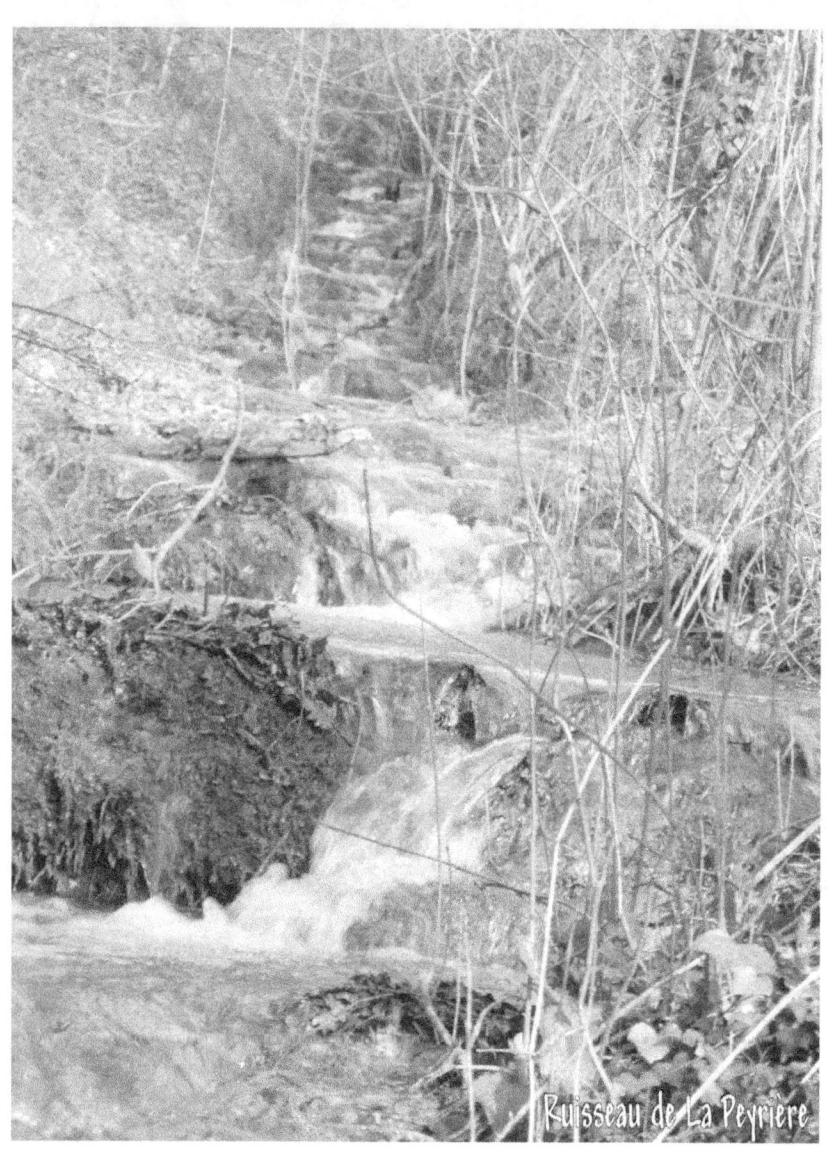

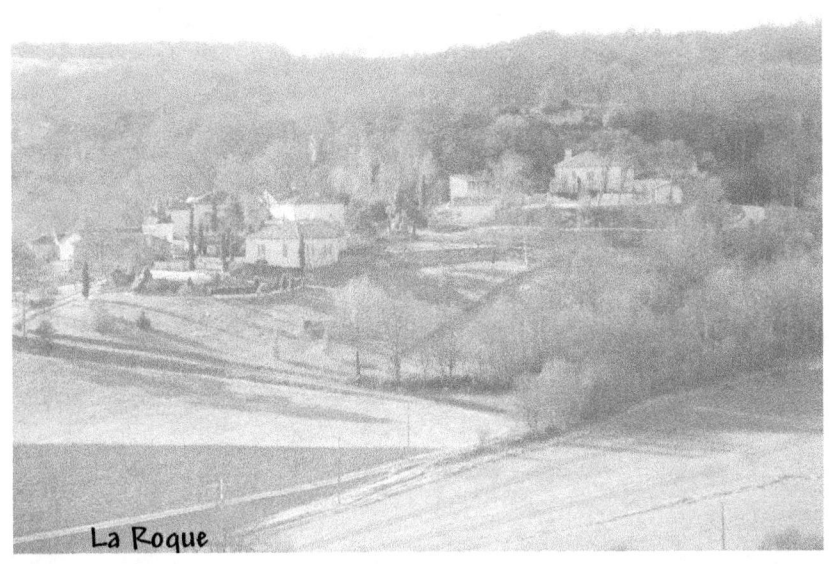
La Roque

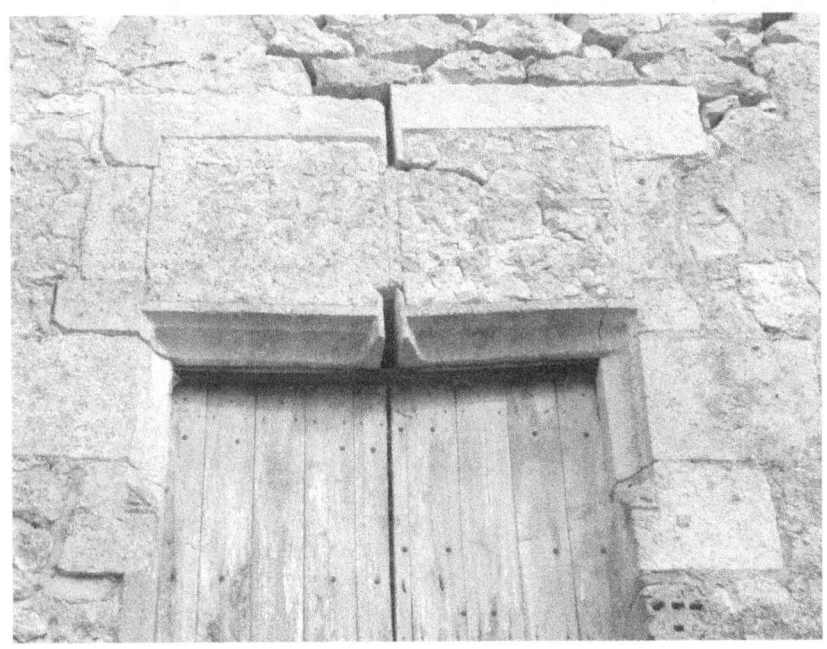

Jesus maria

L'an mil 1623
mourust noble dame Ysabeau de
de gayrac dame destours le 9 ao[ust]
jour de nostre dame ad nives et [...]
en baumes le lendemain et fust
ensevelie le 11.me dudit mois au
convent de St françois de la ville
moncue de vaux et de ce se soub-
sscrive certifie pour y avoir assisté
fr. SS. Spirect du de Sabn[...]
nde

en ludit mourust jeanne de forvie fame
de fordy ochnay ... le 24 aoust et fust
ensevelie le 25 dudit l'an ... de
valpriourde ...

...
...
... le 13 decembre et fust appou[...]
... au ... mois et an sesdit
mourut Jeanne ...
... et fust ensevelie ...
cemetiere de l'esglise ...
...
... francois son ...

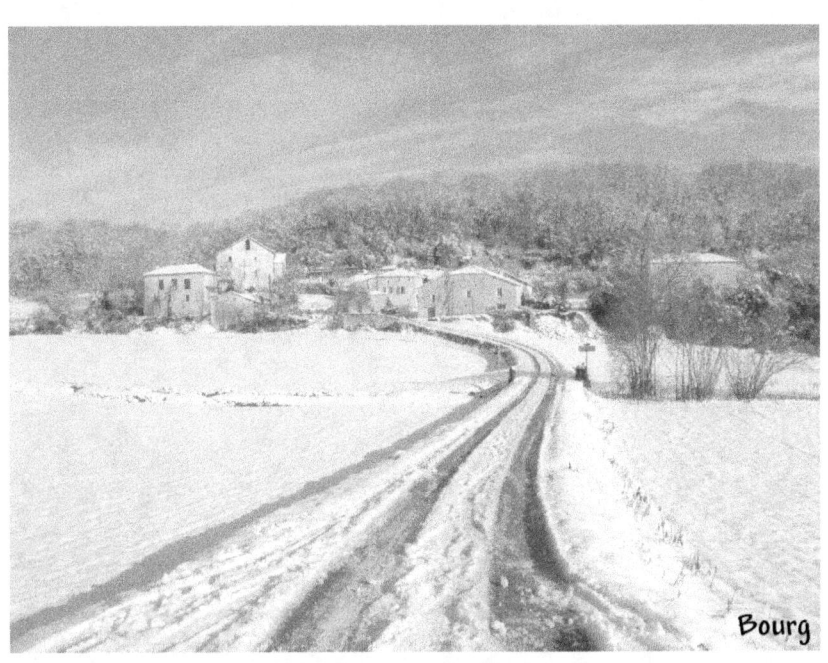

Bourg

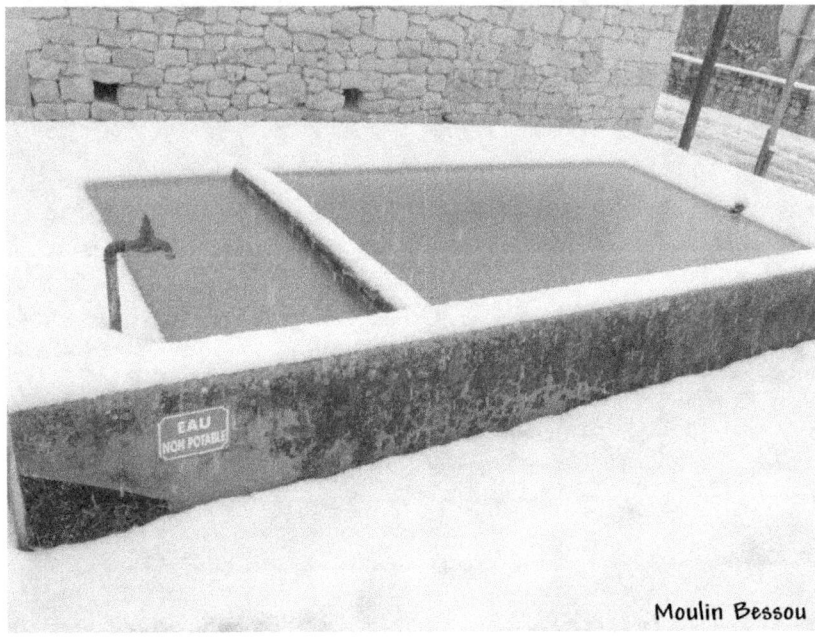

Moulin Bessou

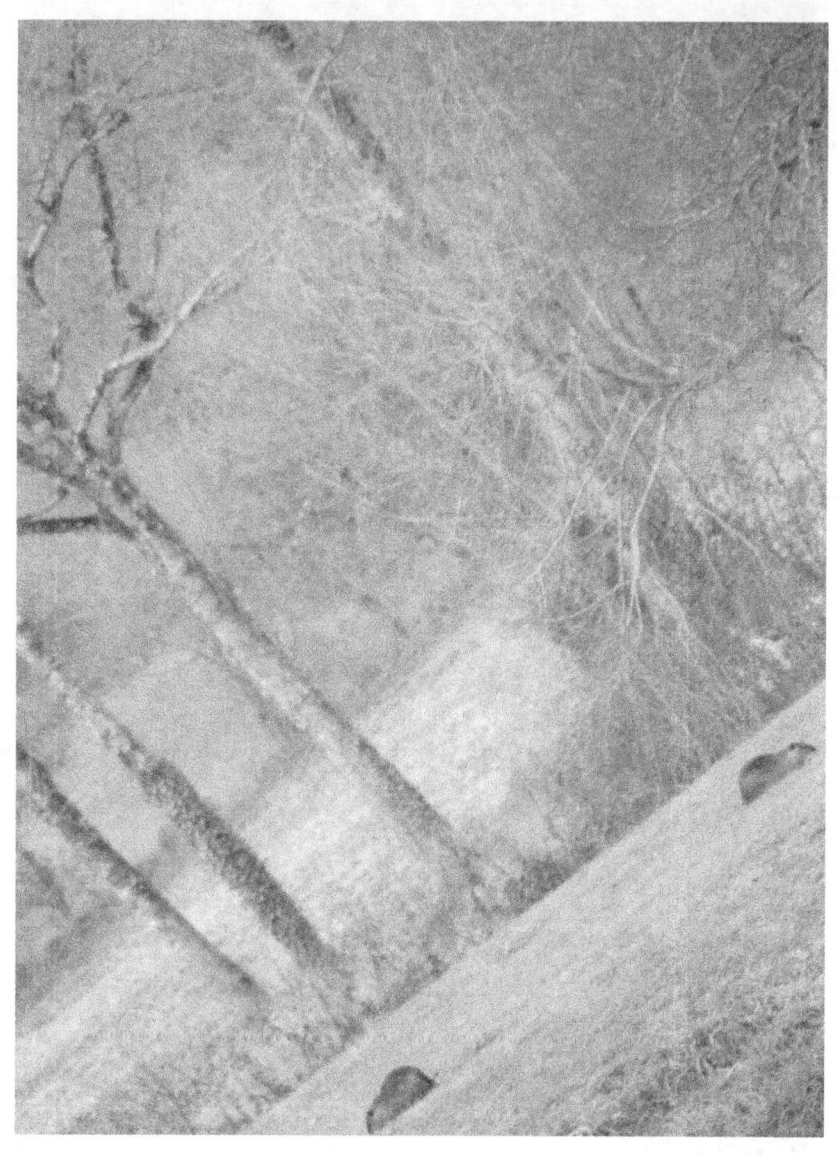

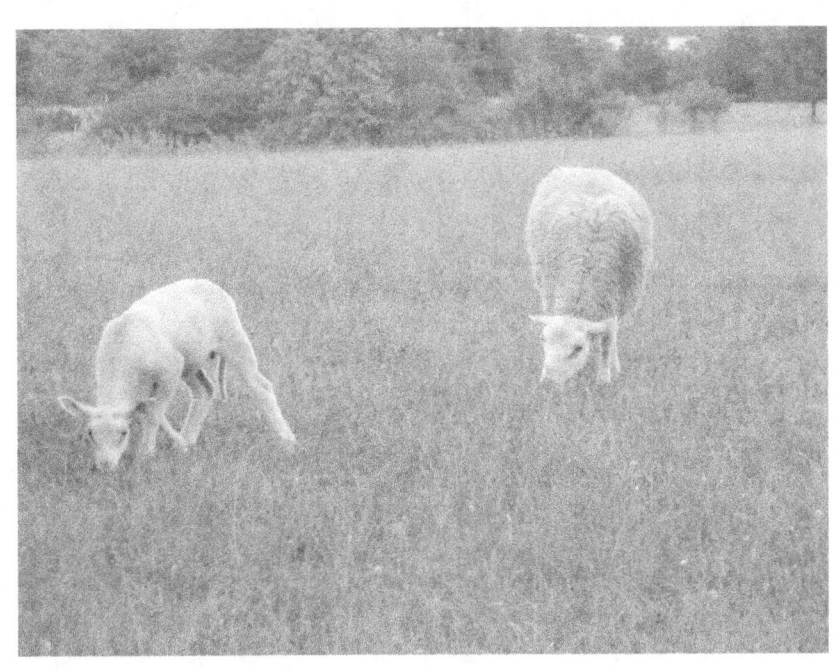

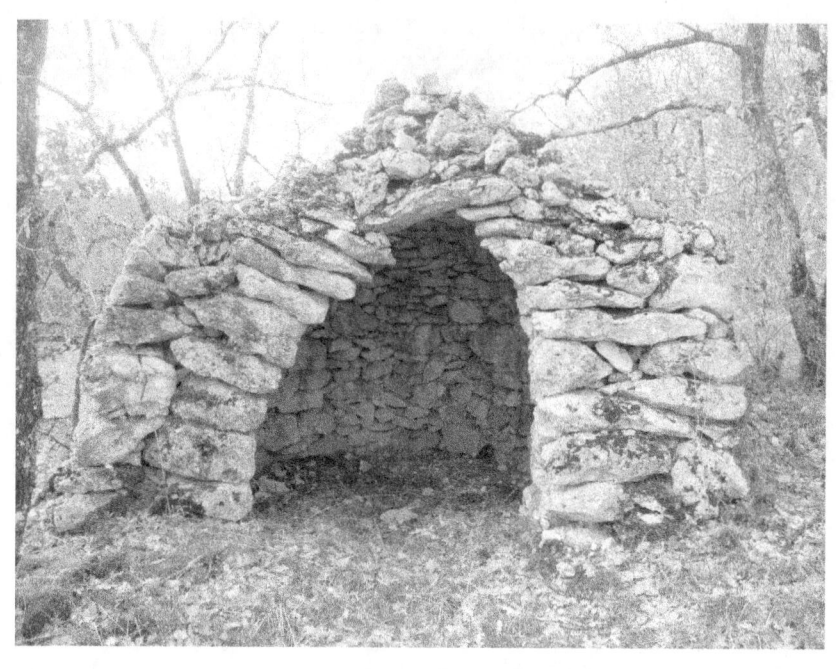

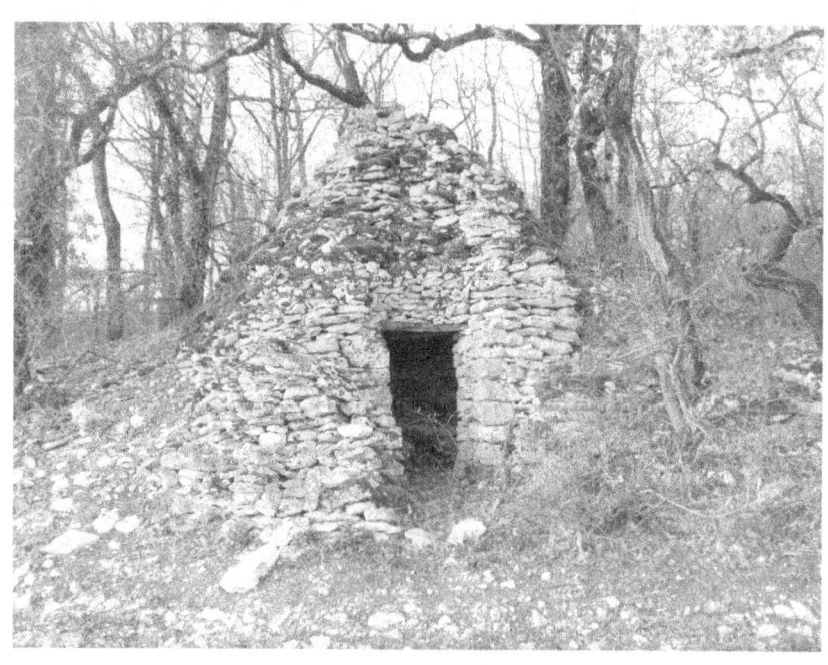

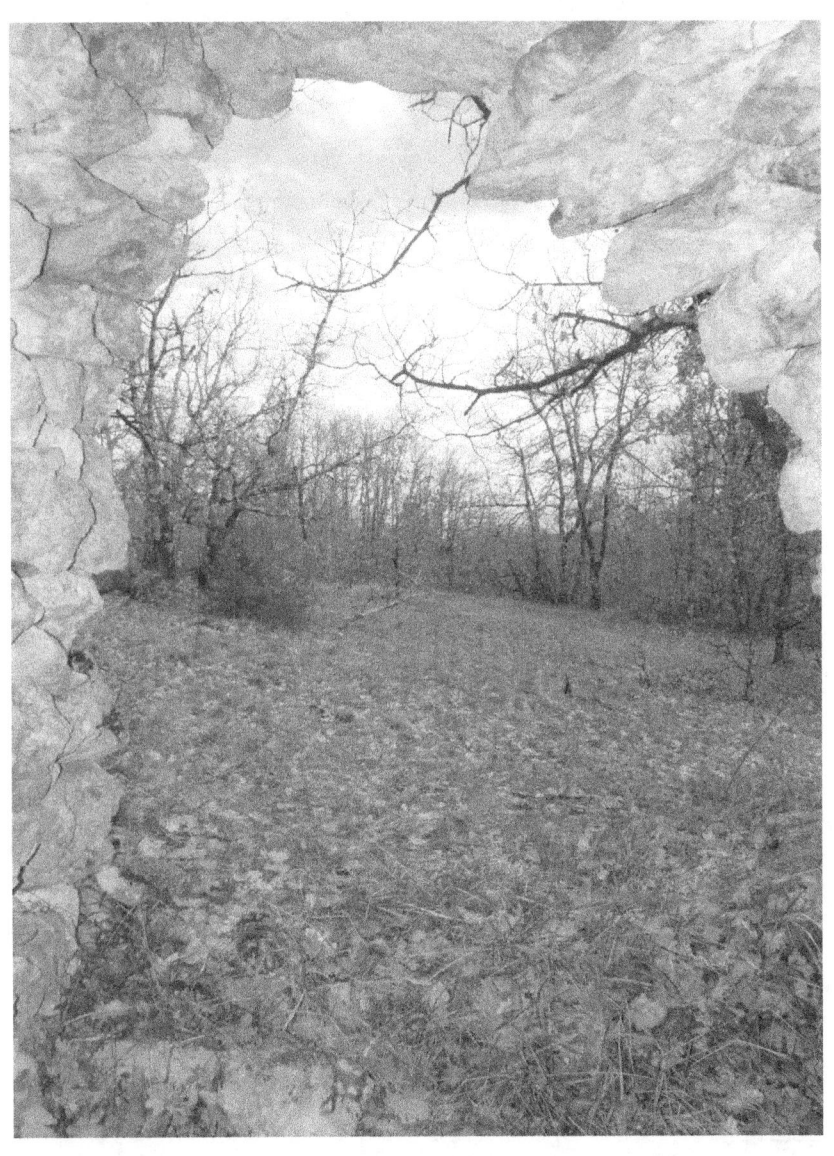

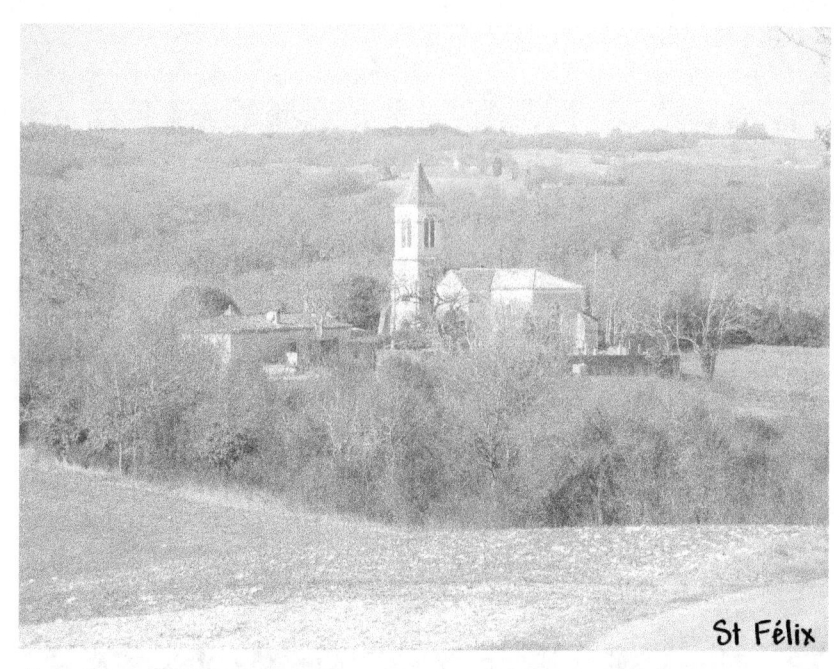
St Félix

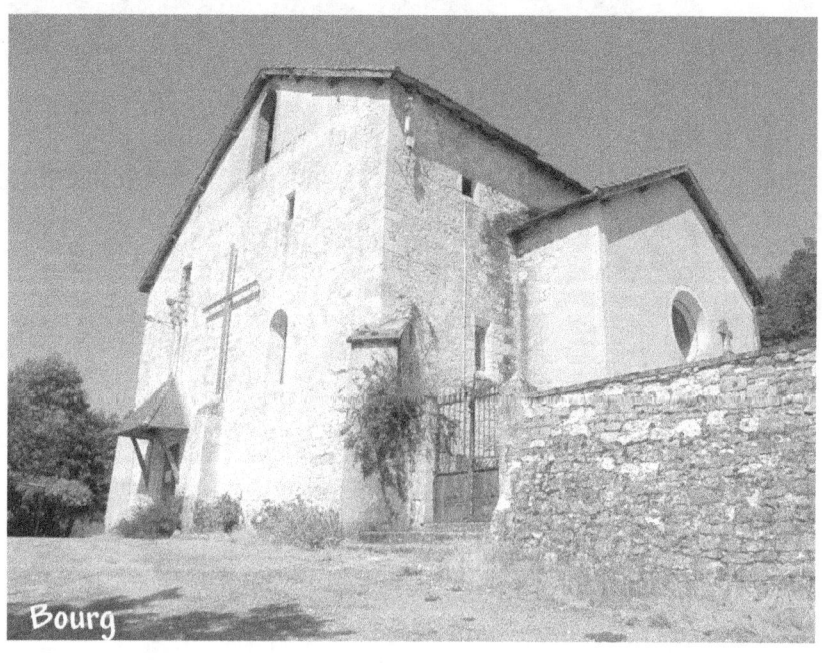
Bourg

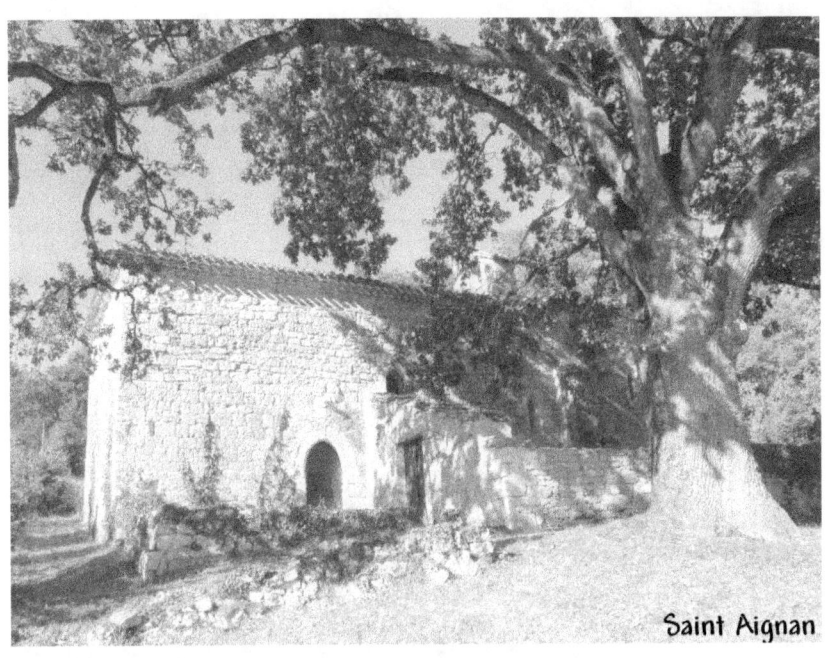

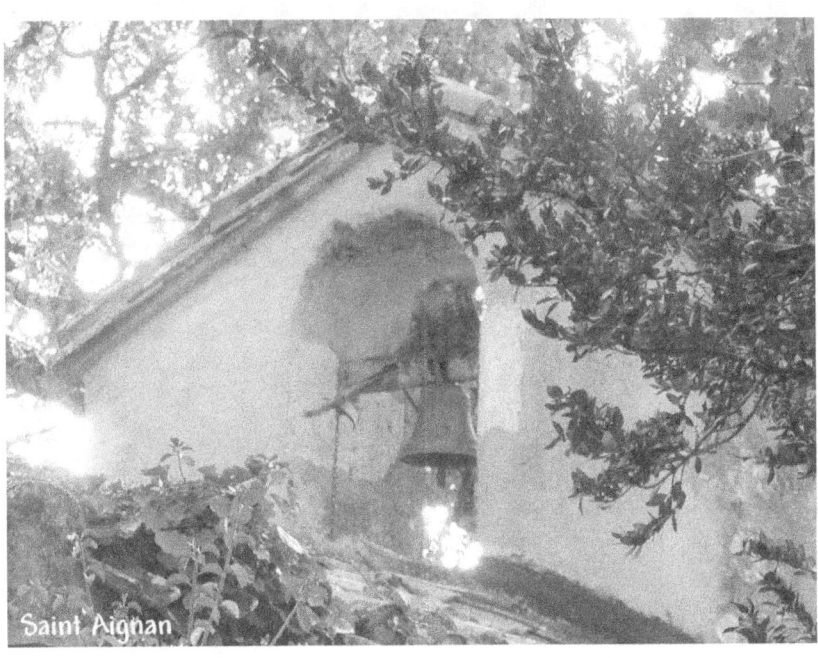

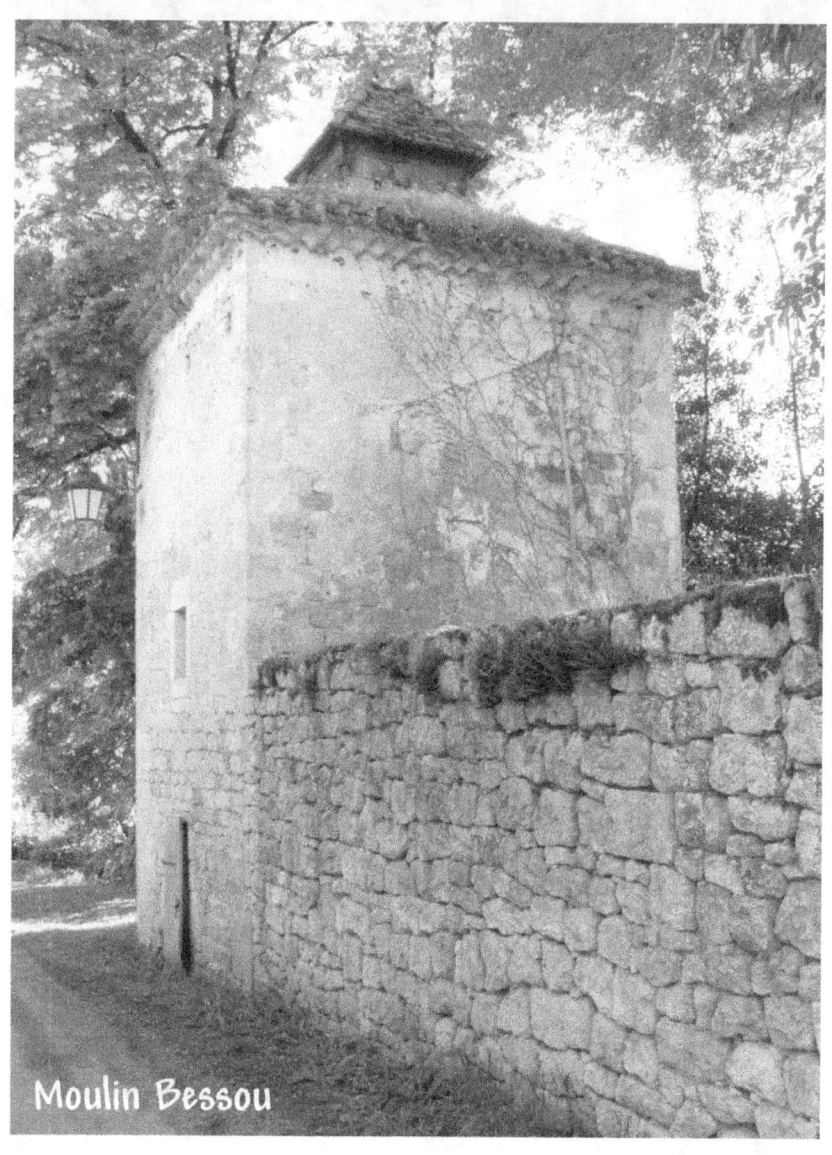

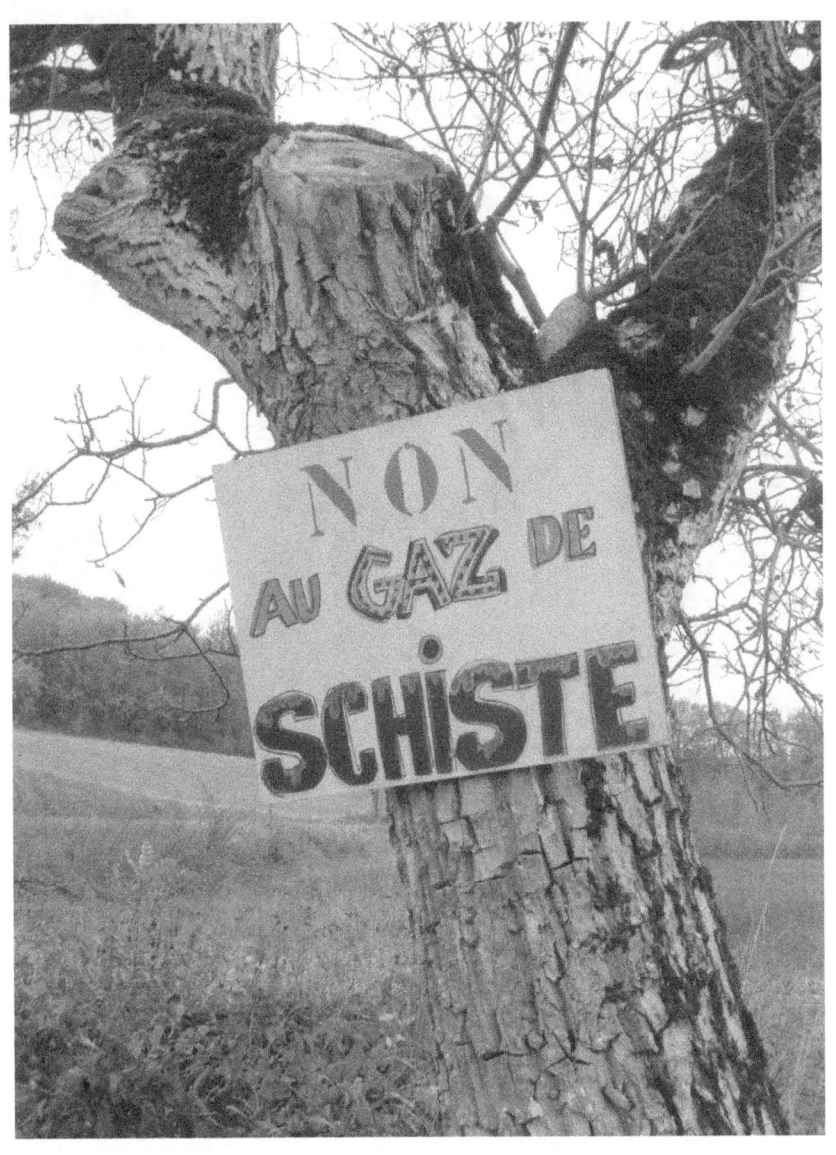

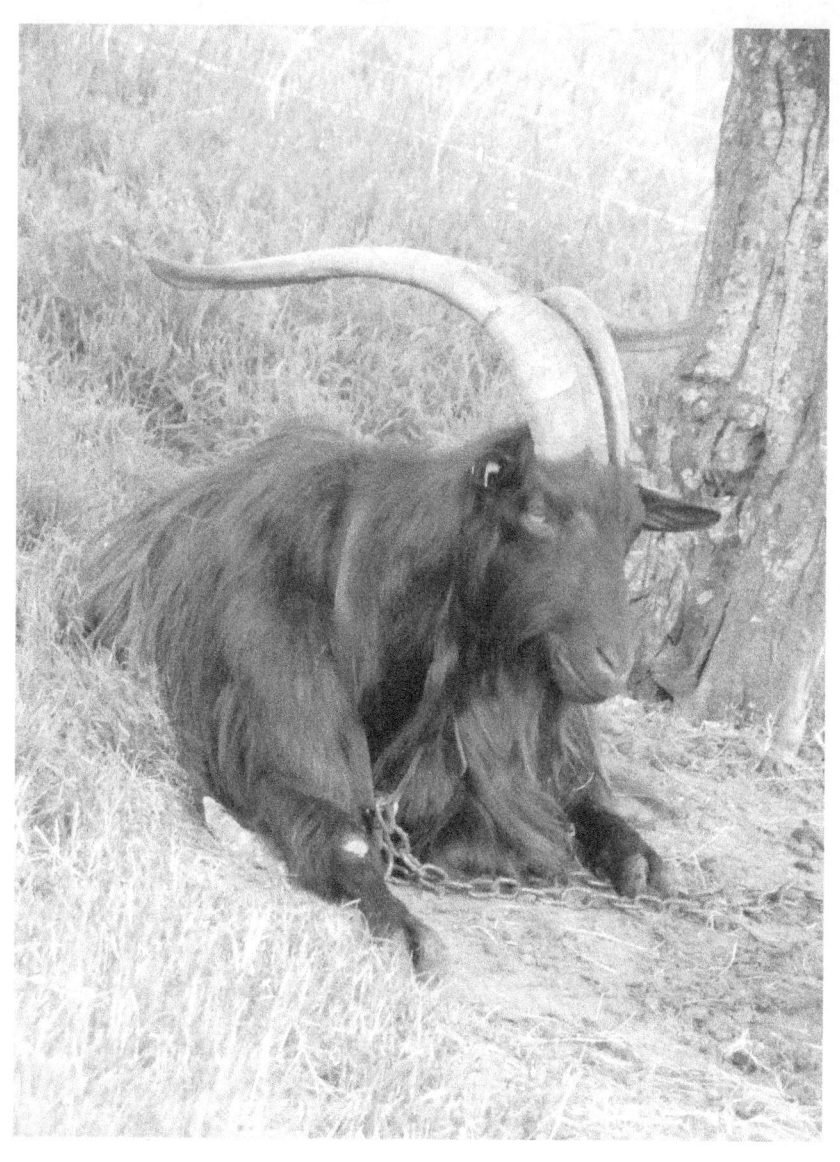

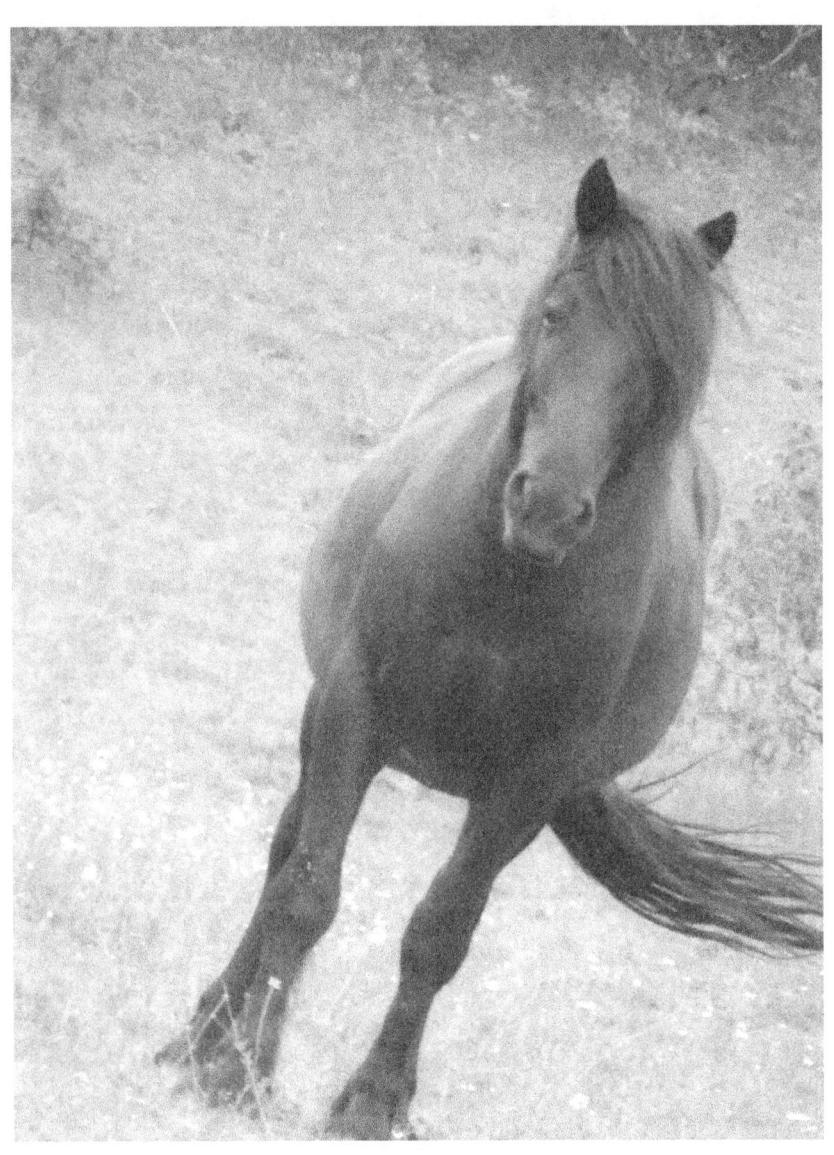

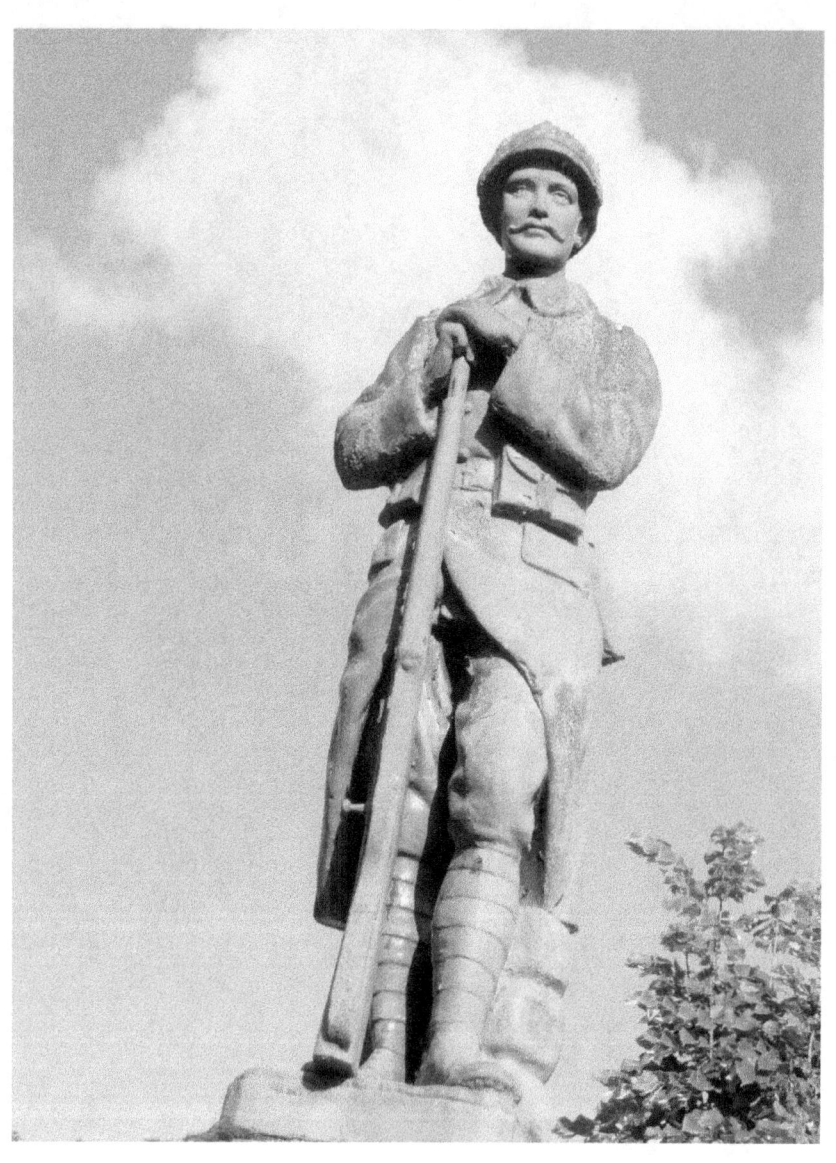

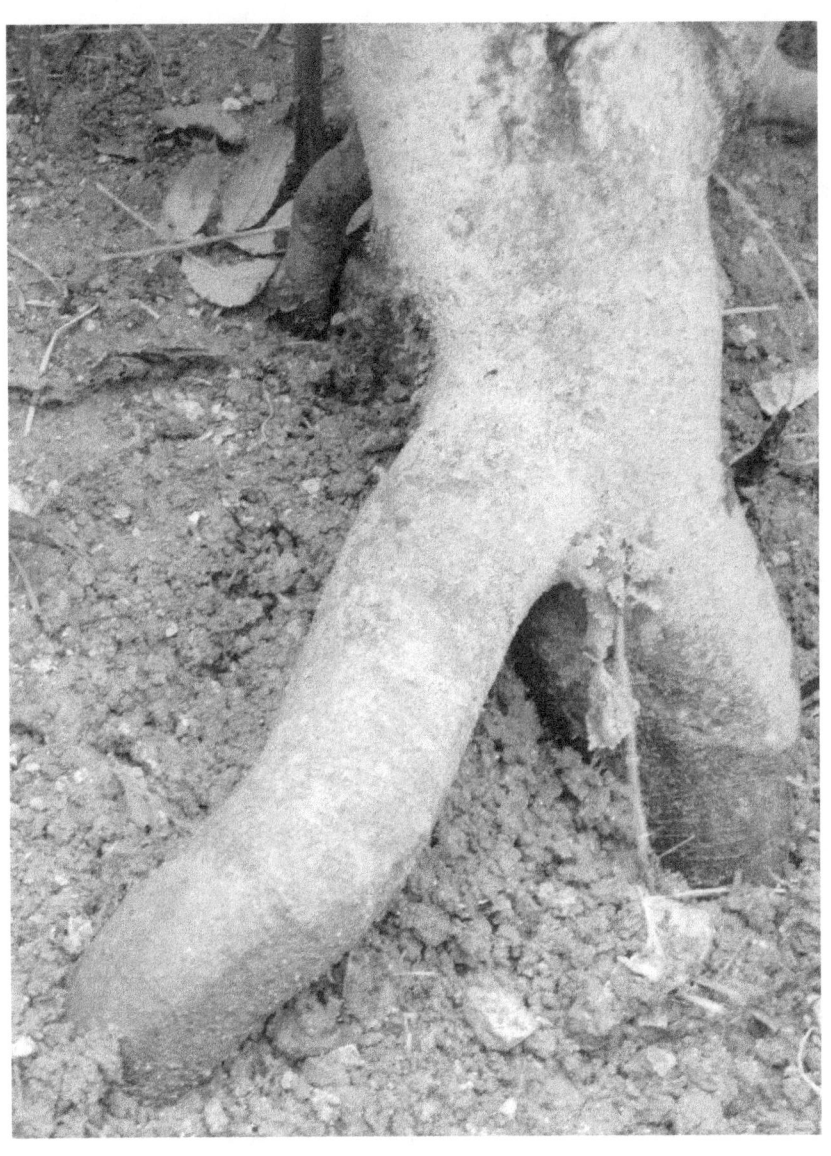

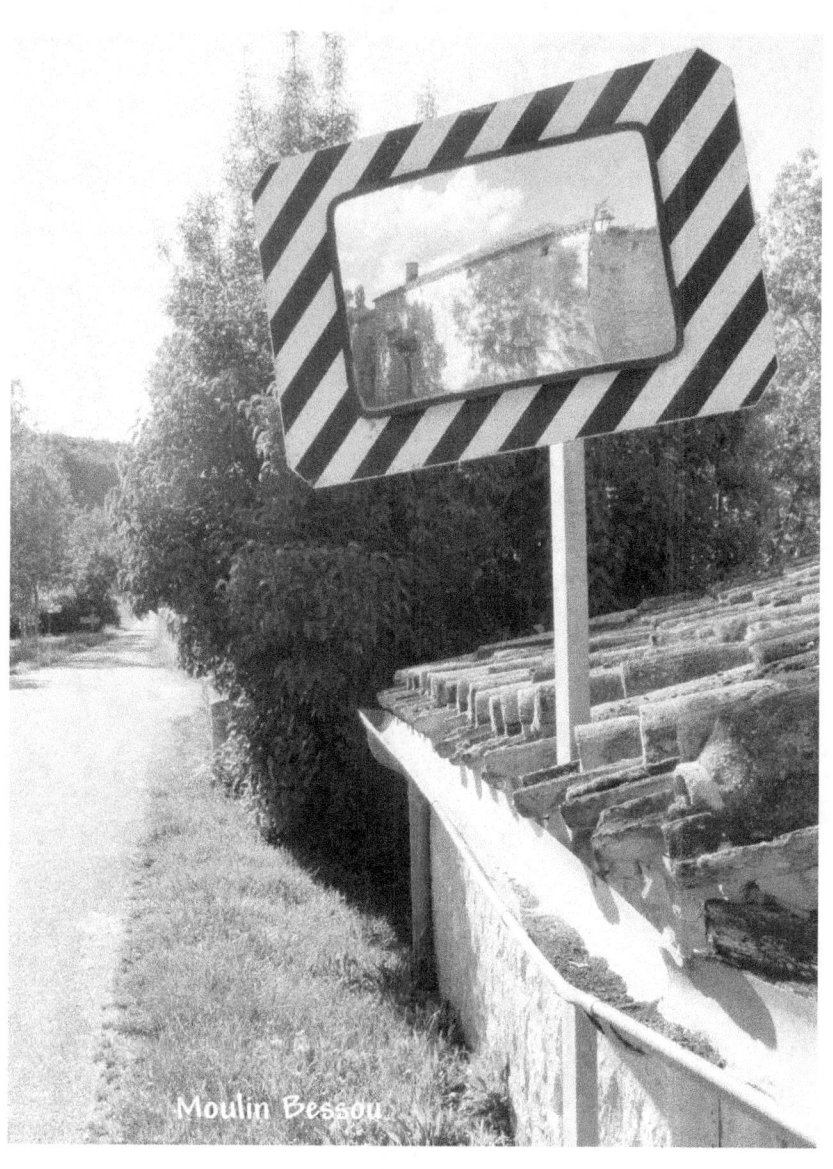
Moulin Bessou

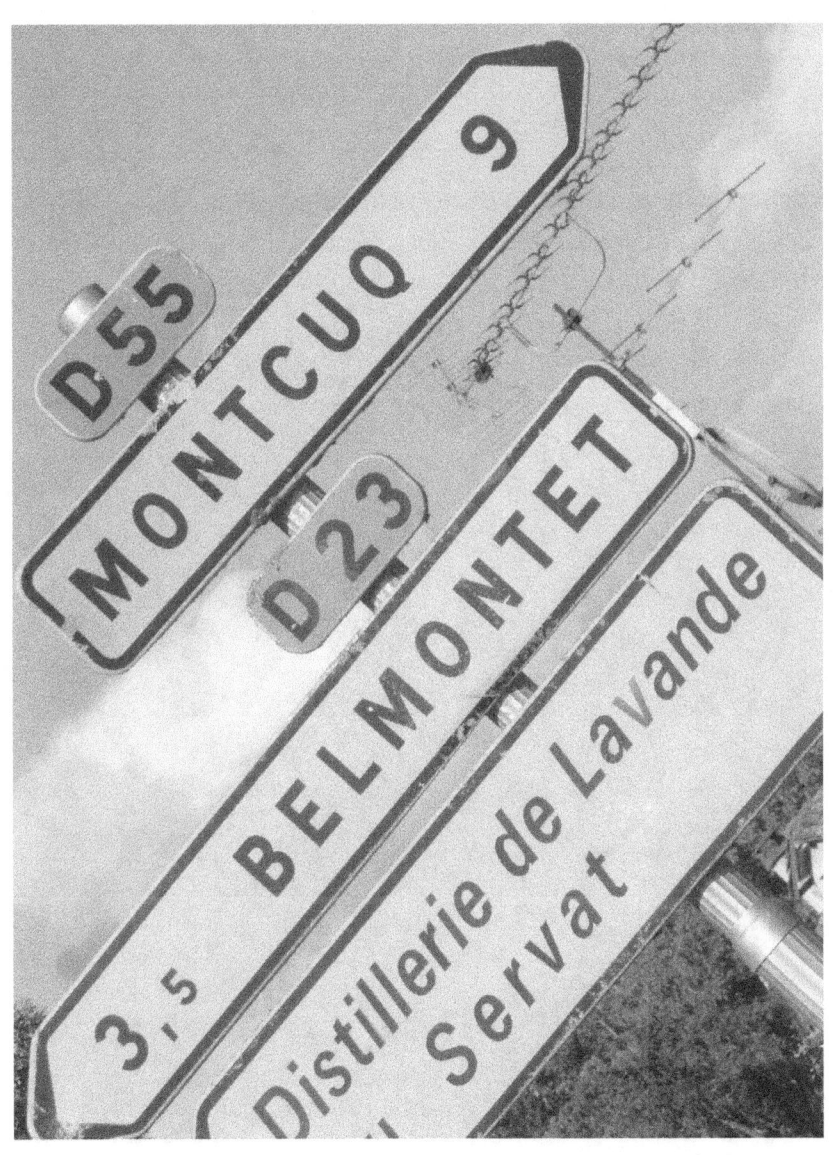

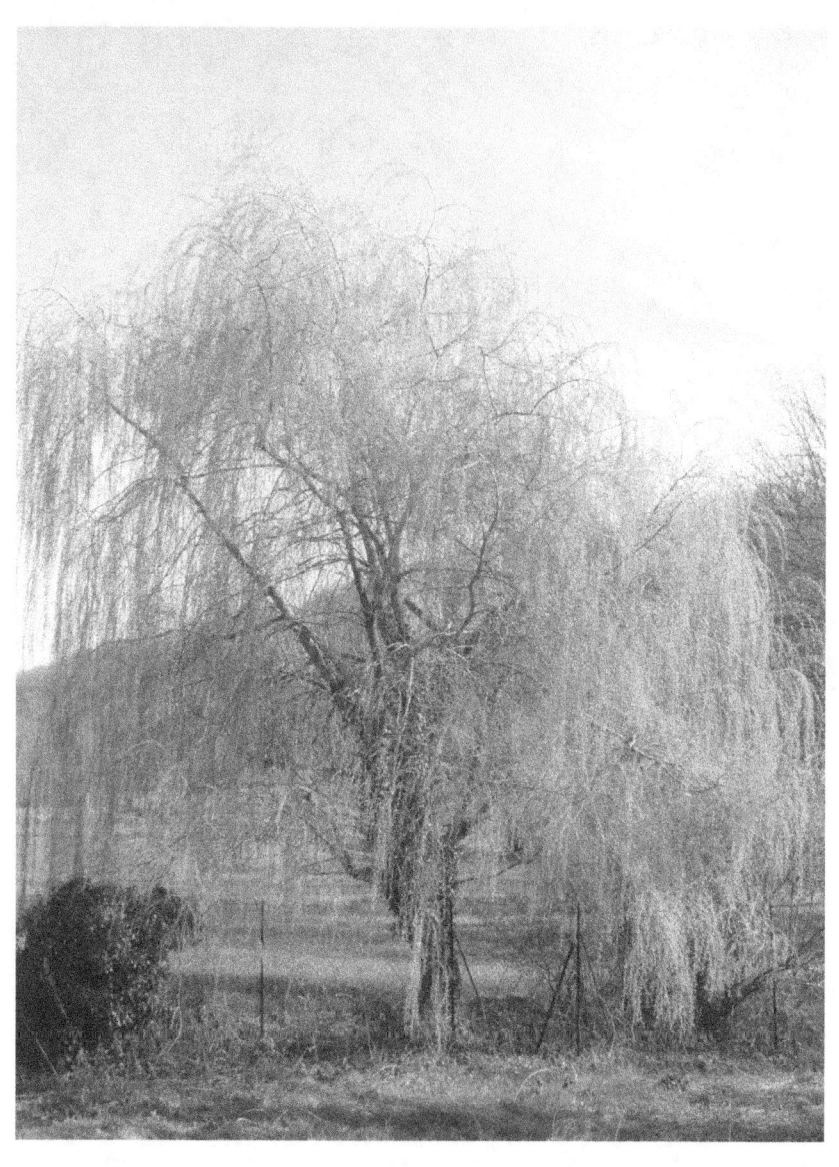

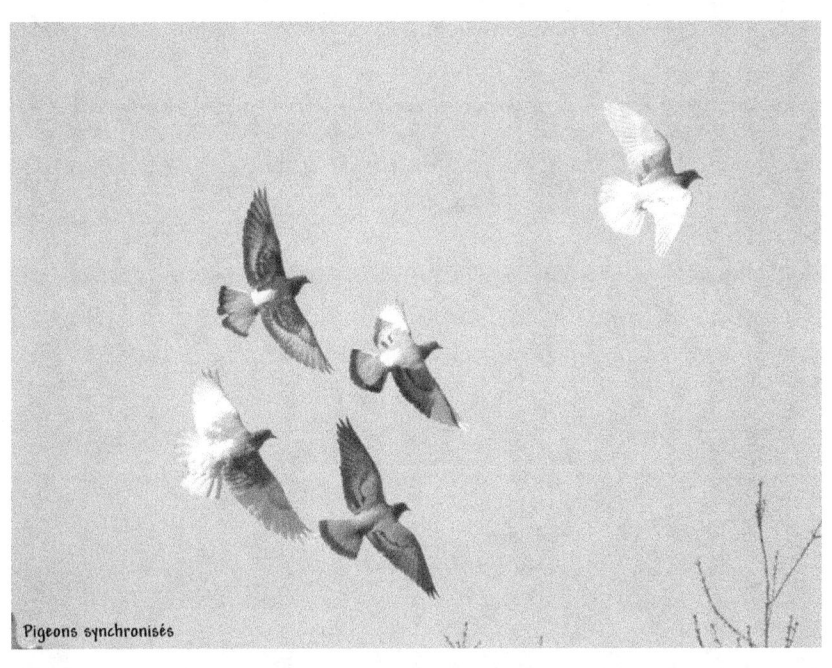
Pigeons synchronisés

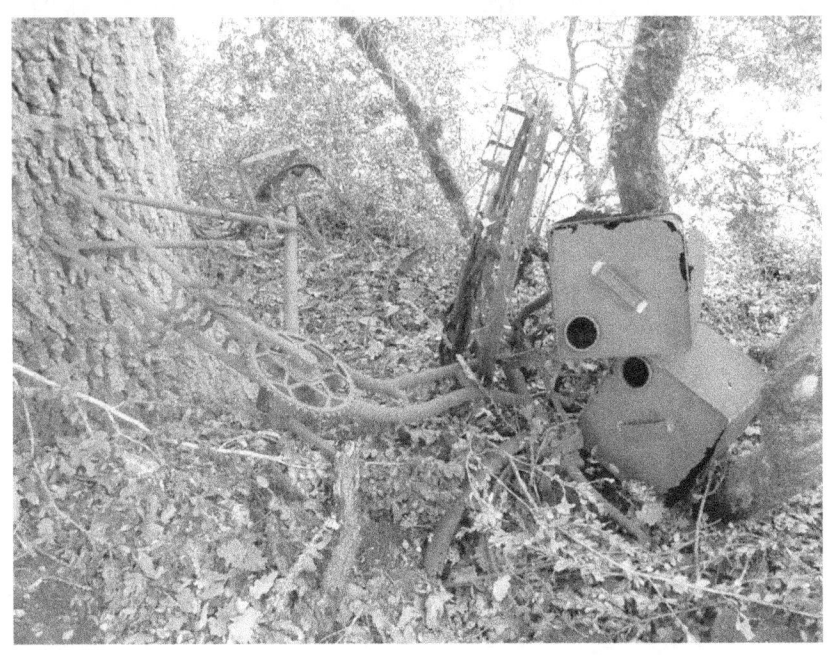

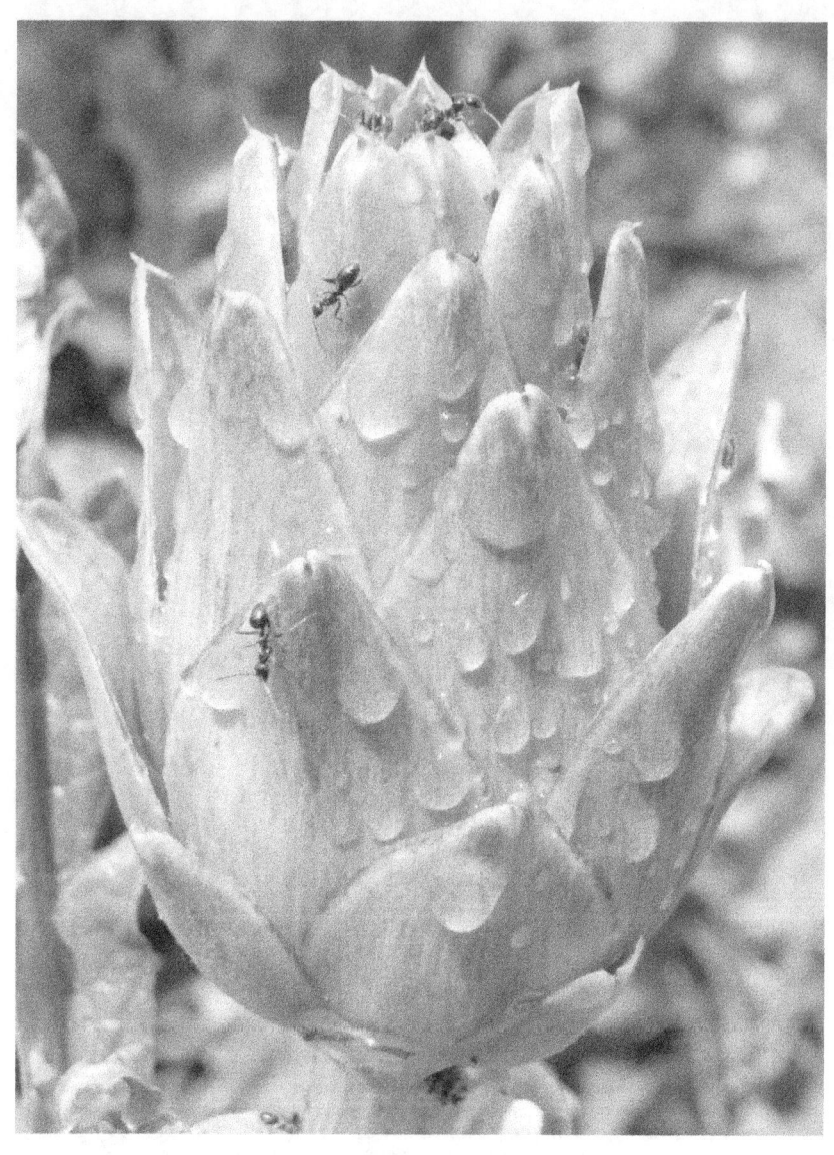

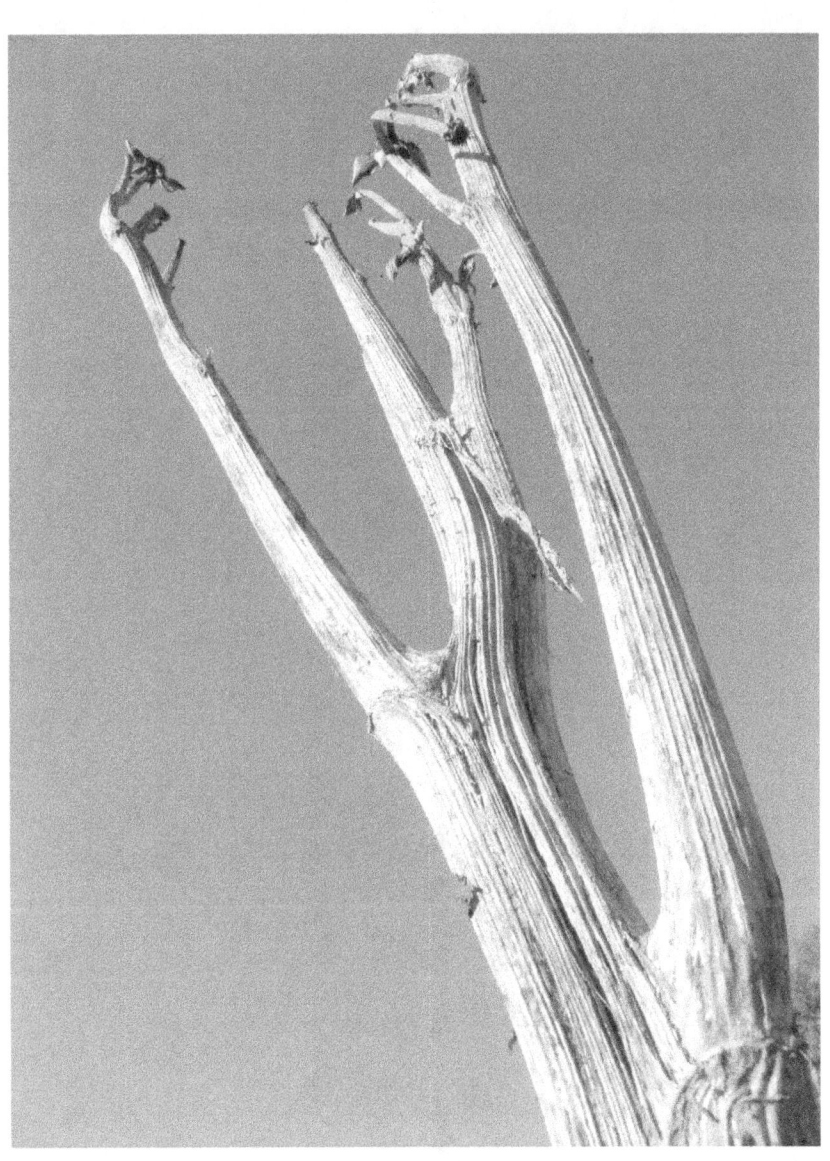

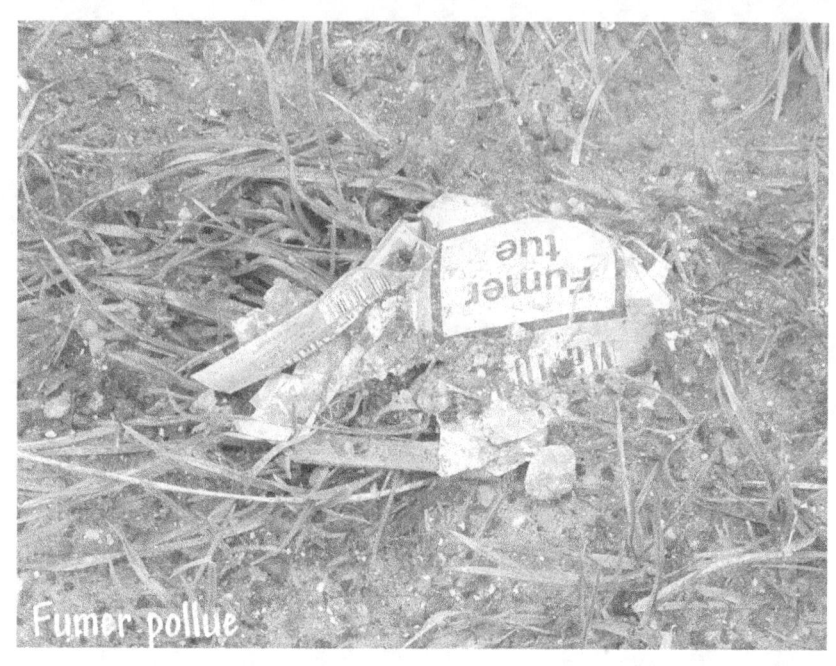

Fumer pollue

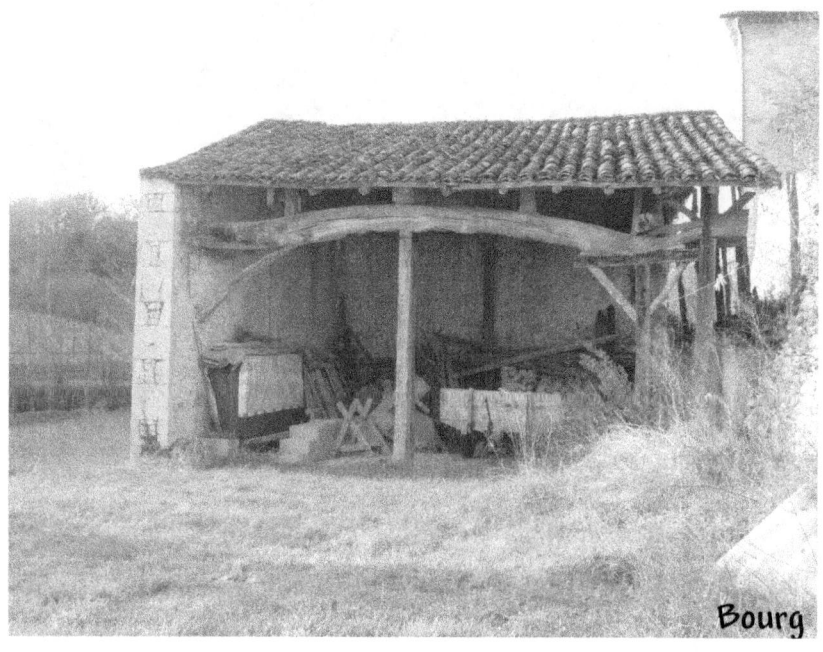

Bourg

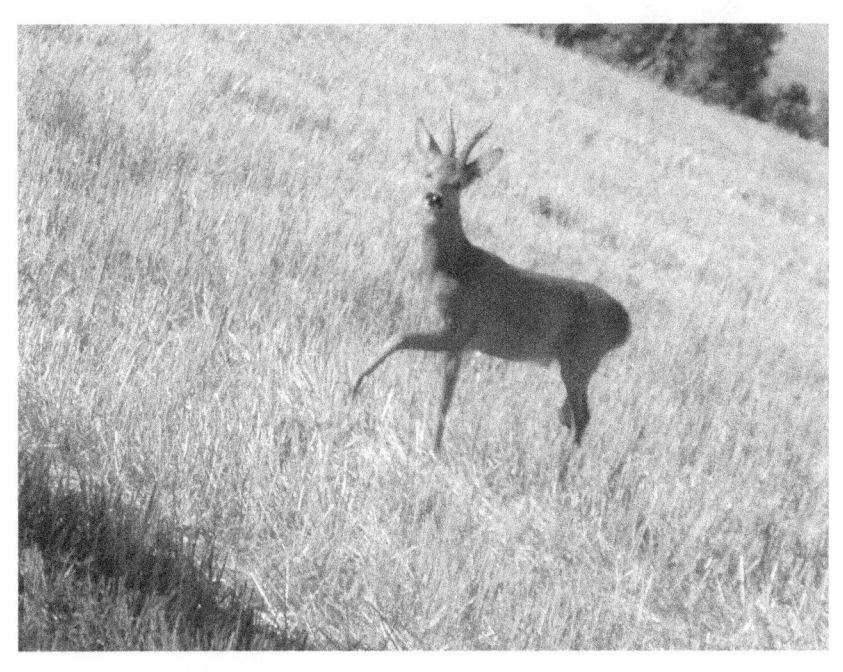

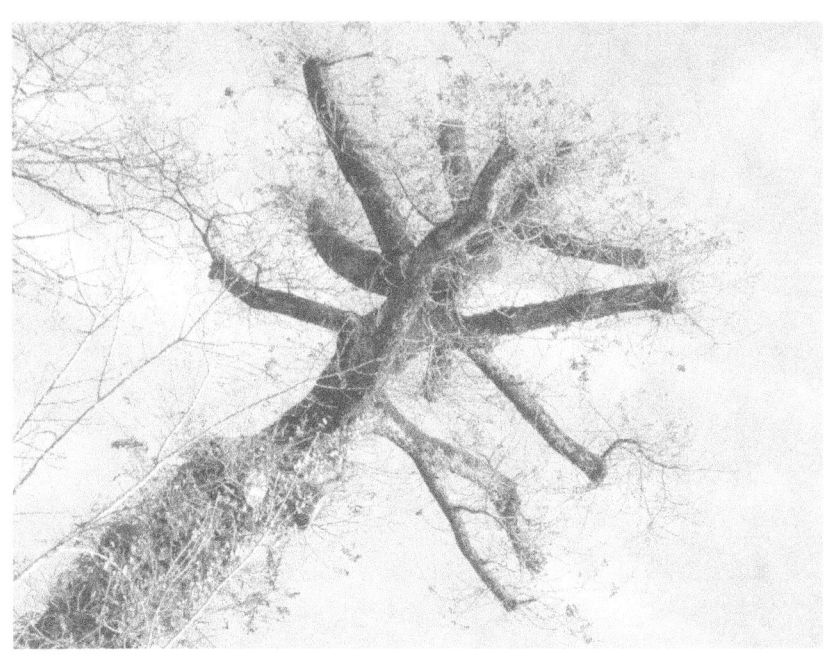

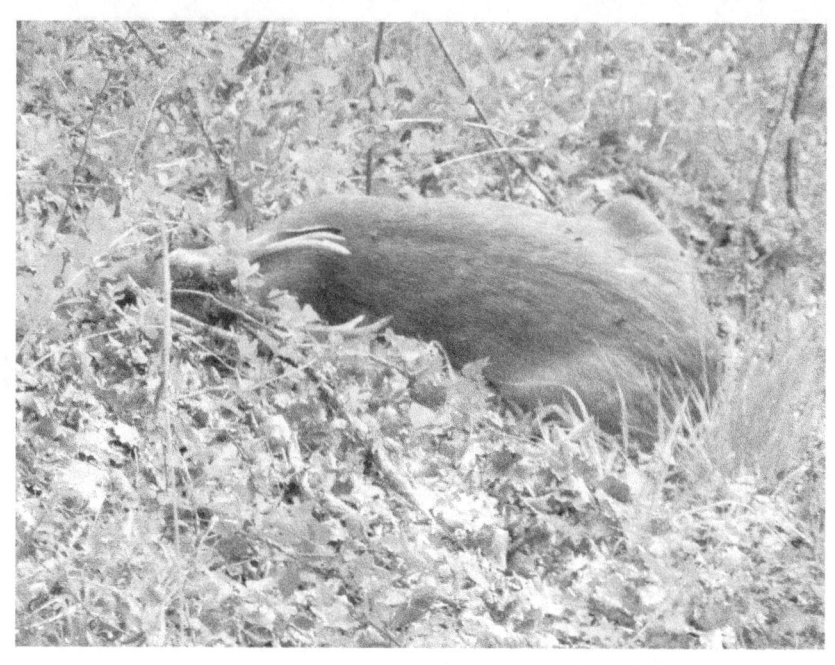

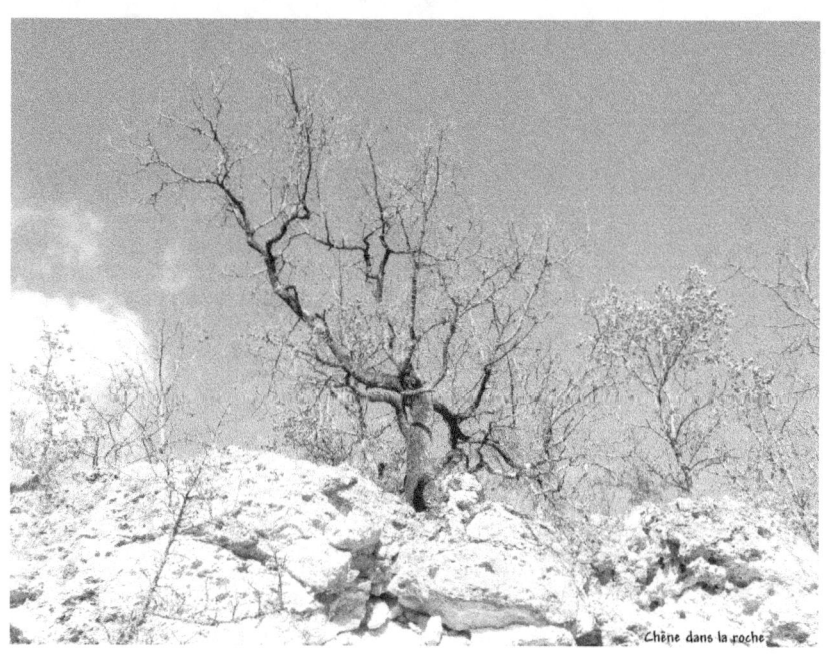

Chêne dans la roche

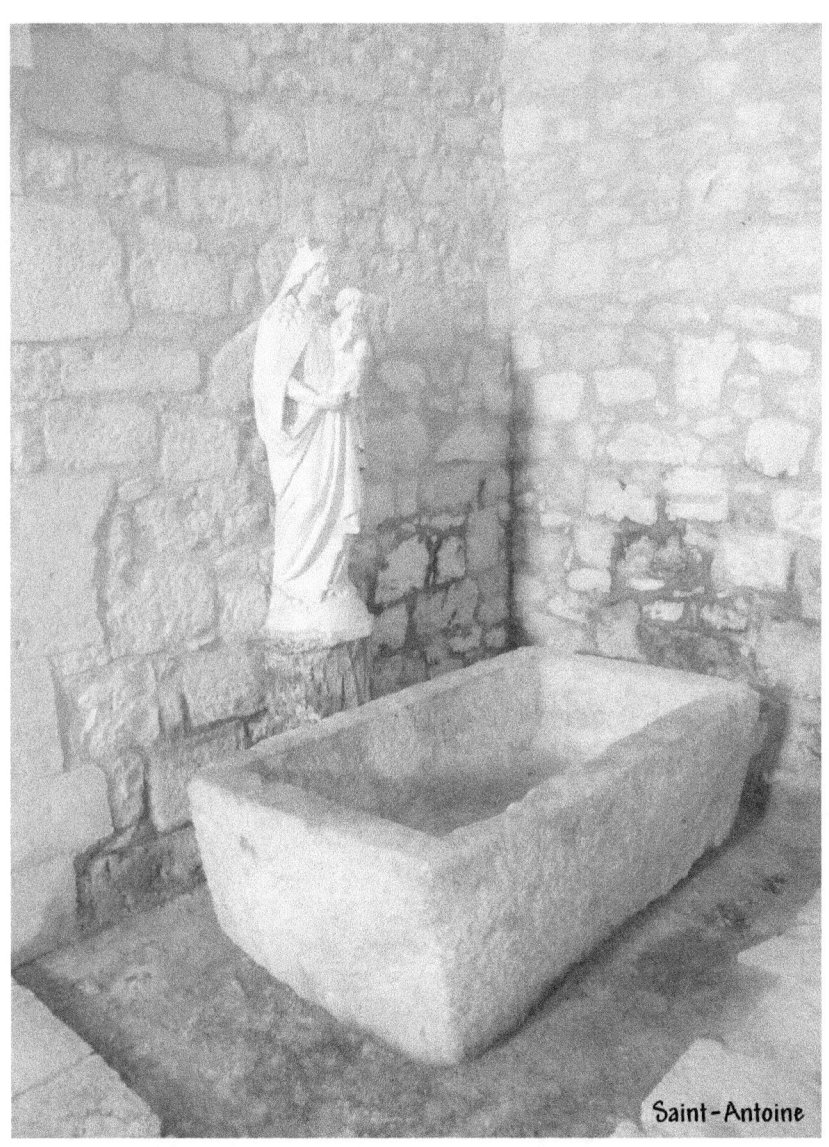

An 4 de la Républicain française, Mois de brumaire.

Le présent Cahier pour servir à l'enregistrement des actes de la commune de S.t félix pour la quatrième année de la République française contenant trois feuilles a été coté et paraphé par moy président de l'administration Municipale du Canton.

Sotauron, président

Aujourd'huy trentième jour du mois de Brumaire l'an quatrième de la république française une et indivisible à huit heures du matin, Par devant Moi Pierre Quintard agent Municipal de la Commune de Saint félix Département du Lot, chargé de dresser les actes destinés à constater les Naissances, les mariages et les décès des Citoyens, Sont Comparus en La Maison Commune les Citoyens Jean Resseguié Cultivateur agé de Cinquante quatre ans et Raymond Goul aussi Cultivateur agé de Cinquante cinq ans, tous les deux domiciliés au lieu de la Lougagne Commune de S.t félix, le premier père de Marie Resseguié, agée de deux ans, et demeurant audit lieu de la Lougagne Commune dudit S.t félix et le second voisin dud. Resseguié, lesquels Jean Resseguié et Raymond Goul M'ont déclaré que ladite marie Resseguié est morte le treizième jour du présent mois de Brumaire à Six heures du matin en son domicile aud. lieu de La Lougagne Commune dud. S.t félix, d'après cette déclaration que lesd.ts Resseguié et Goul attestent Sincère et véritable, j'en ai dressé le présent acte Le ayant prié être, plutôt faute de Registre, lequel acte Lesd. Jean Ress. et Raymond Goul n'ont Signé pour ne savoir de ce Requis par moi. fait Lu en la Maison Commune dud. S.t félix les jours, mois et an Susd.

Quintard, agt. M.pal

Aujourd'huy vingt Cinquième jour du mois pluviôse, quatrième de la République française une et indivisible à Neuf heures du matin, Par devant Moi Pierre Quintard agent Municipal de la Commune de S.t félix Département du Lot, chargé de dresser les actes destinés à Consta...

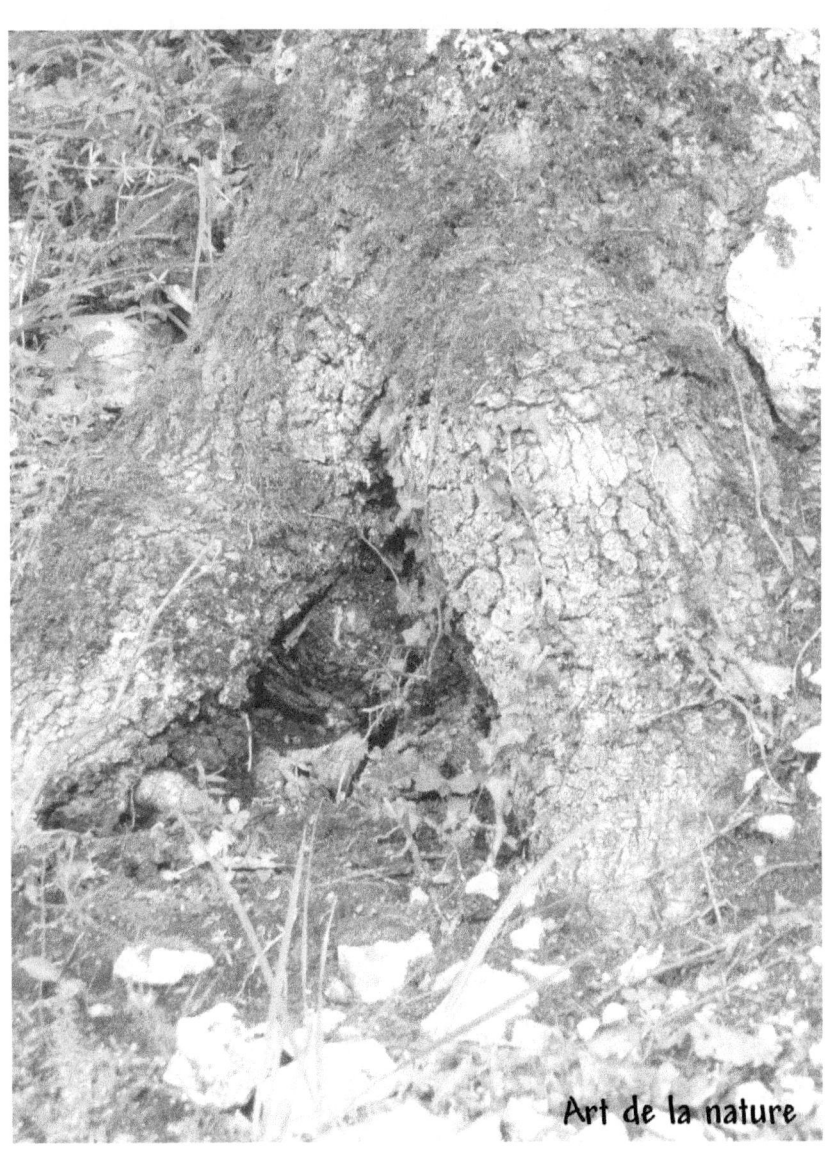
Art de la nature

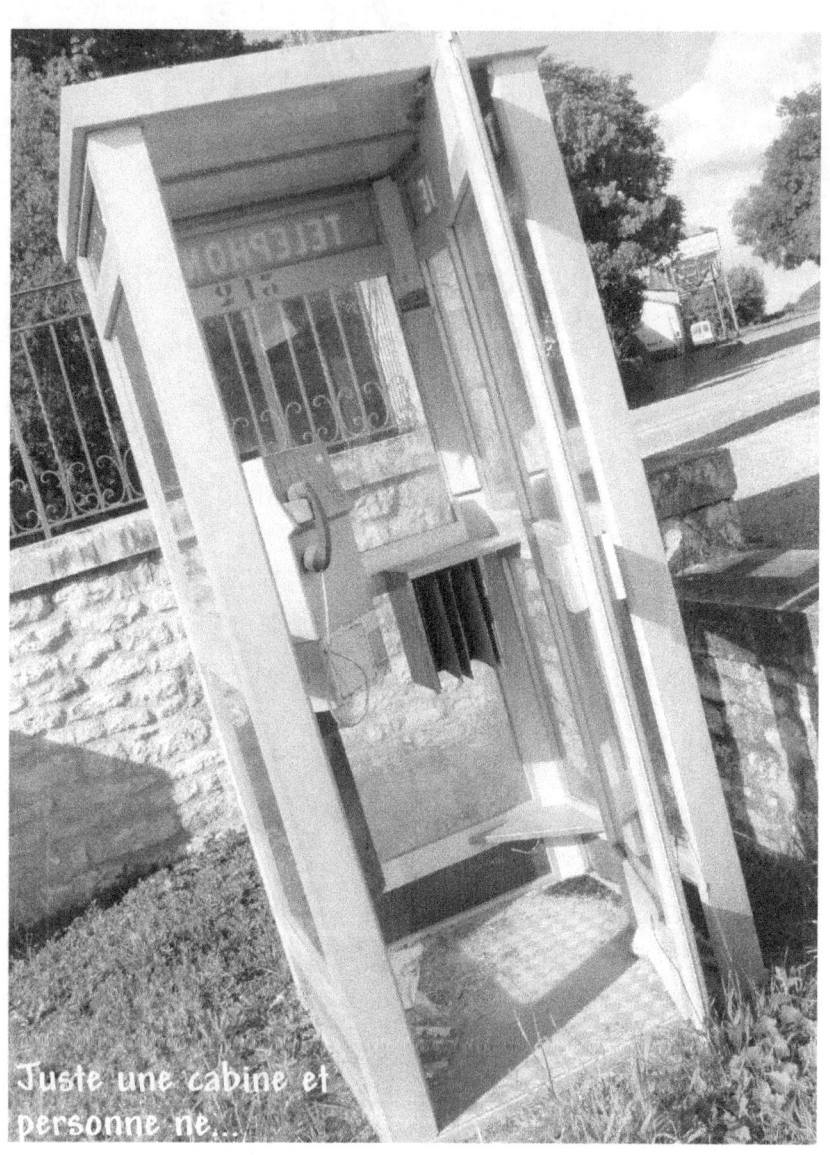

Le 12 octobre 1626 morut jeanne
lansac fame de ... ...
fut ensepuelie le mesme jour au
cemetiere de ... Valeyronde. ...

Le 13 octobre 1626 morut l'auteur ...
de la roque et fut ensepueli le mesme
... au cemetiere de Valeyronde ...

Le 24 novembre 1626 ... apres ...
expira ... antsoyne mariac ...
fame de Jean Valaret dit voutou
et fut ensepuelie au cemetiere de
Valeyronde le 29 du ...

Le 18 mars 1627 expira Catarinne
... fame de Jean ... fournie
... de tournel et fut ensepuelie au
cemetiere de Valeyronde le Jour ...
...

Le 27 april 1627 antsome ... ...
... environ ... 8 heures apres ...
... par antsoyne
son fils et fust ensueli dans l'église
de Valeyronde le 27 du present ...
...

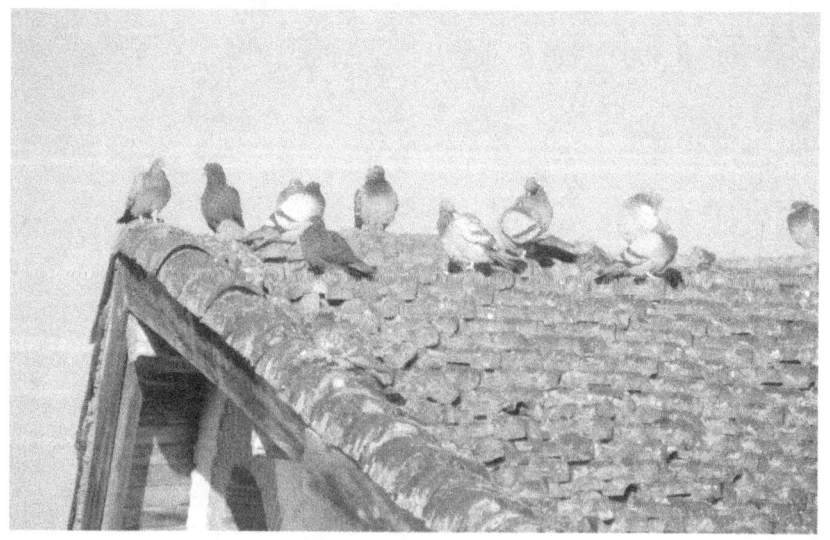

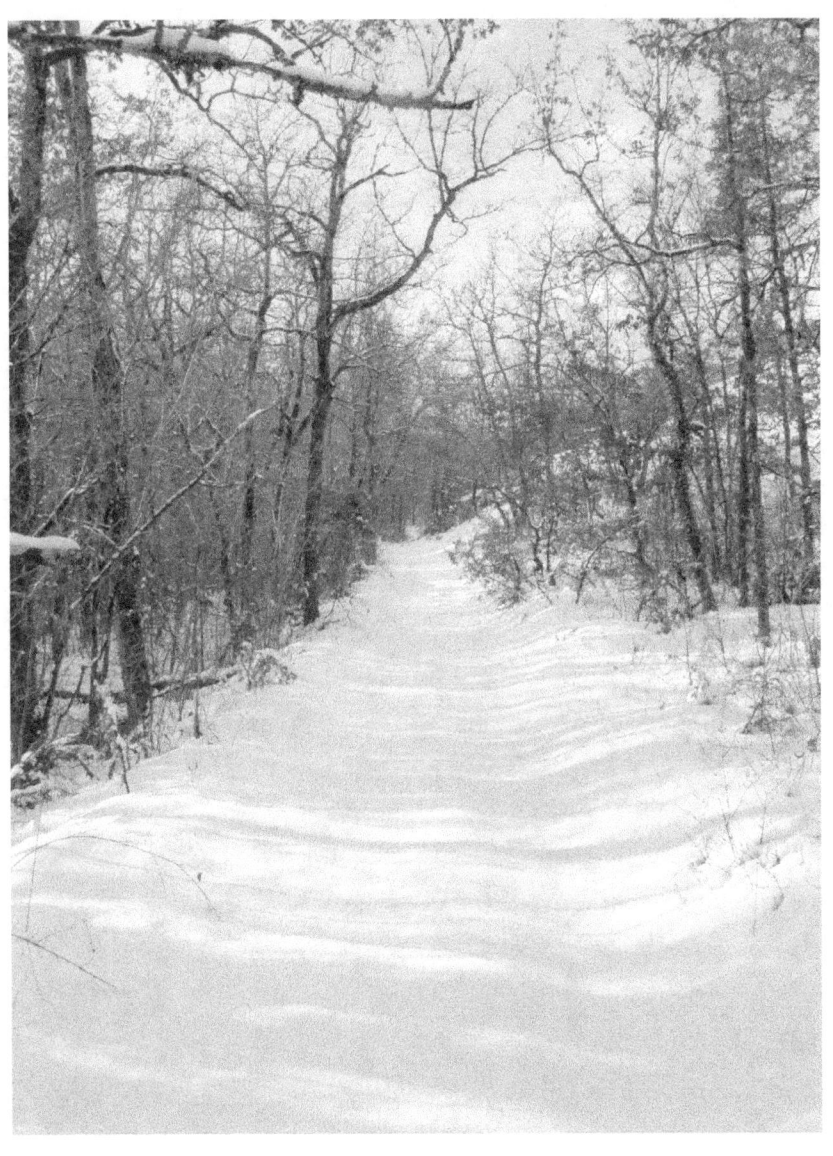

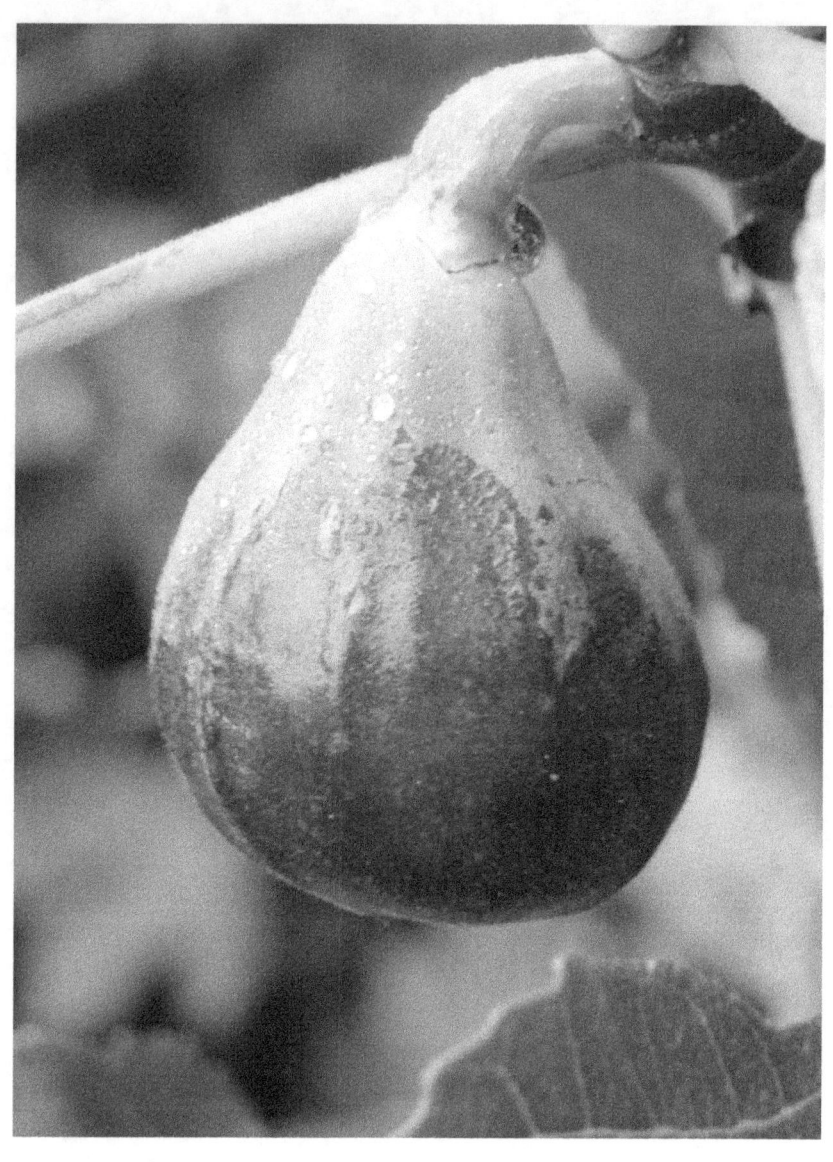

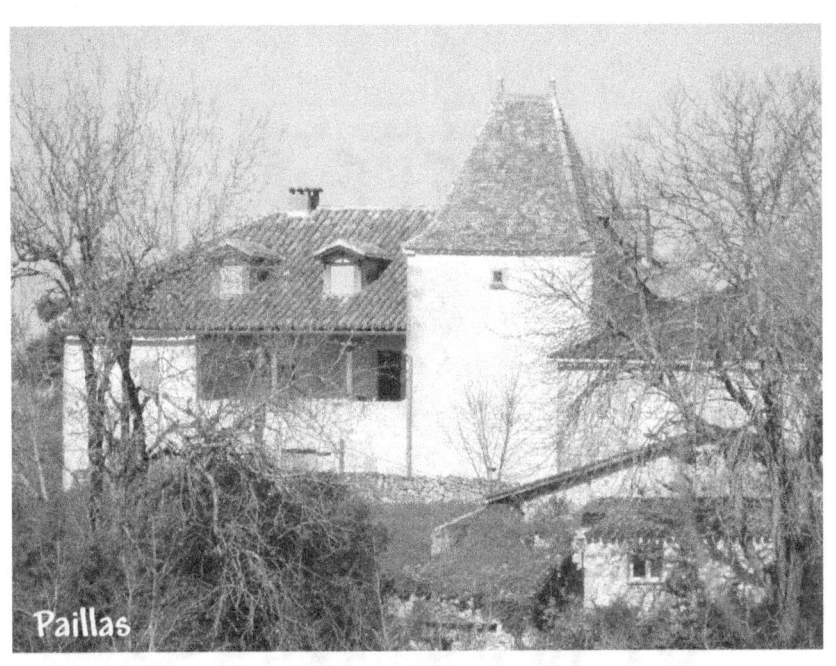

Paillas

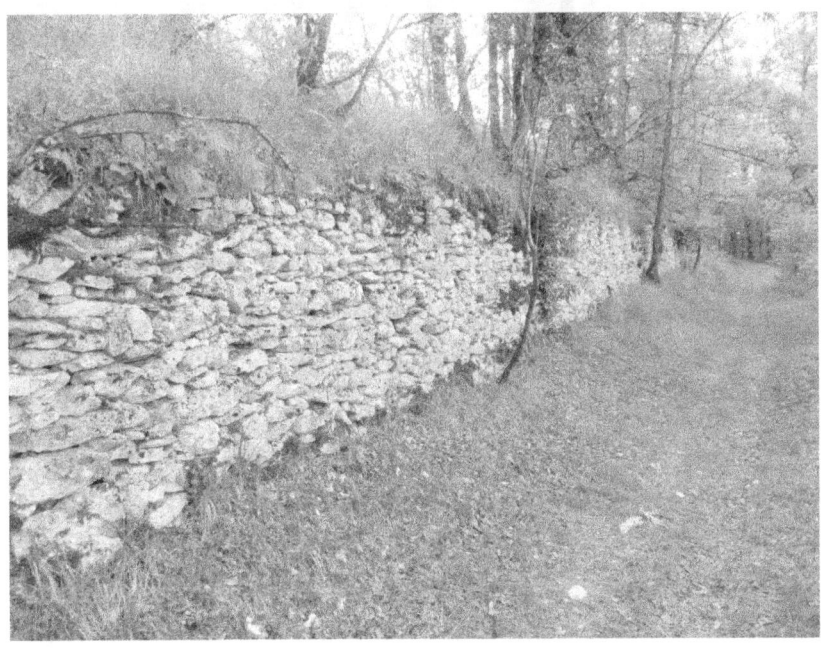

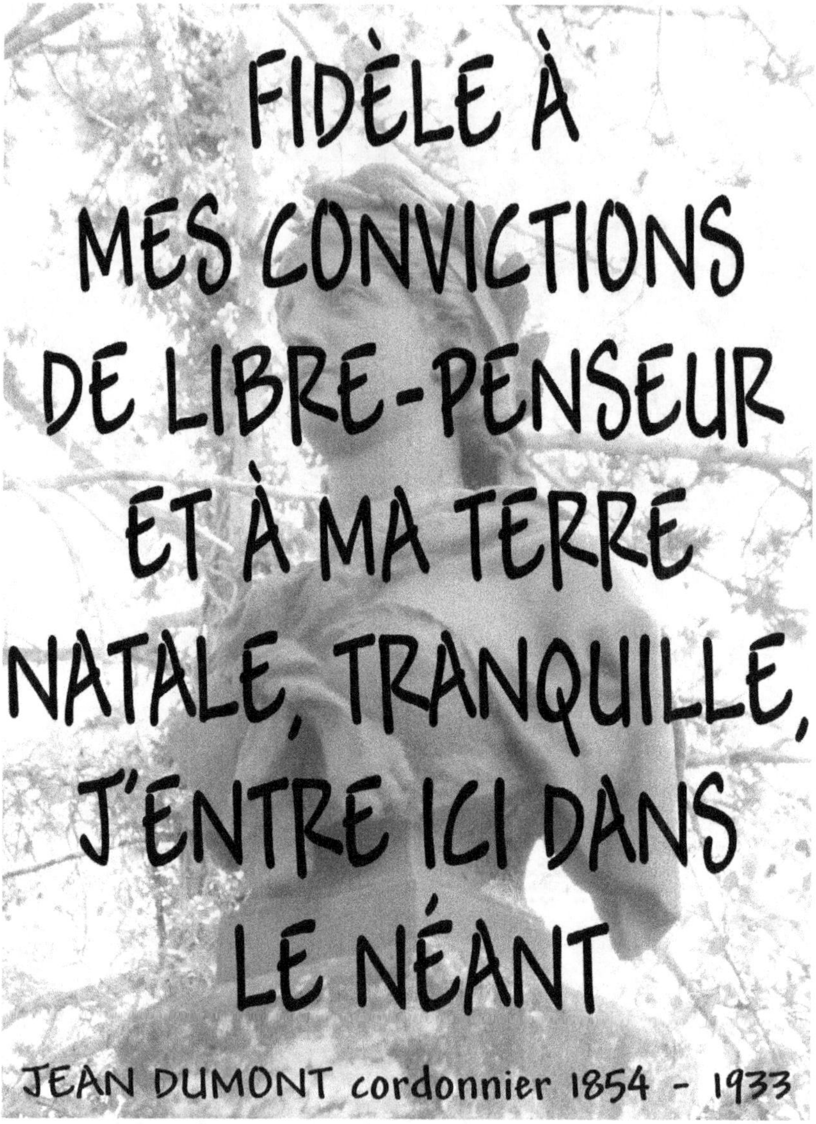

FIDÈLE À
MES CONVICTIONS
DE LIBRE-PENSEUR
ET À MA TERRE
NATALE, TRANQUILLE,
J'ENTRE ICI DANS
LE NÉANT

JEAN DUMONT cordonnier 1854 - 1933

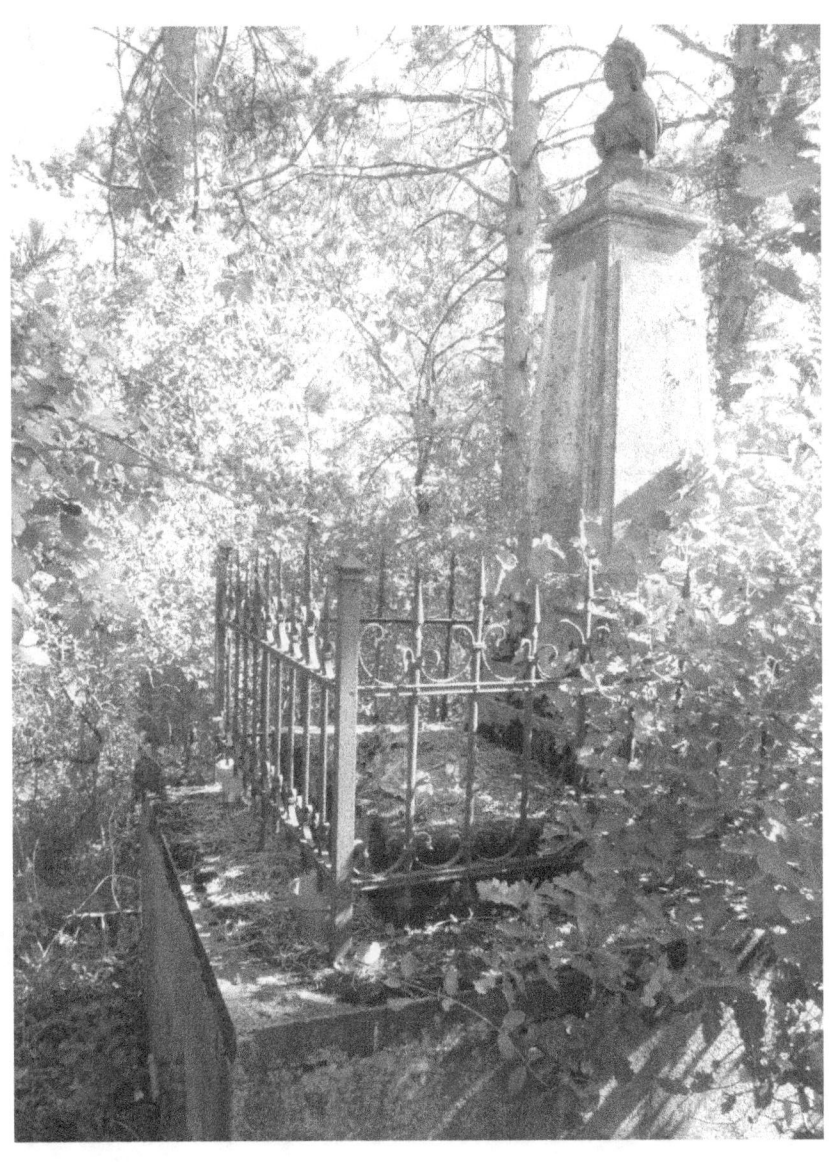

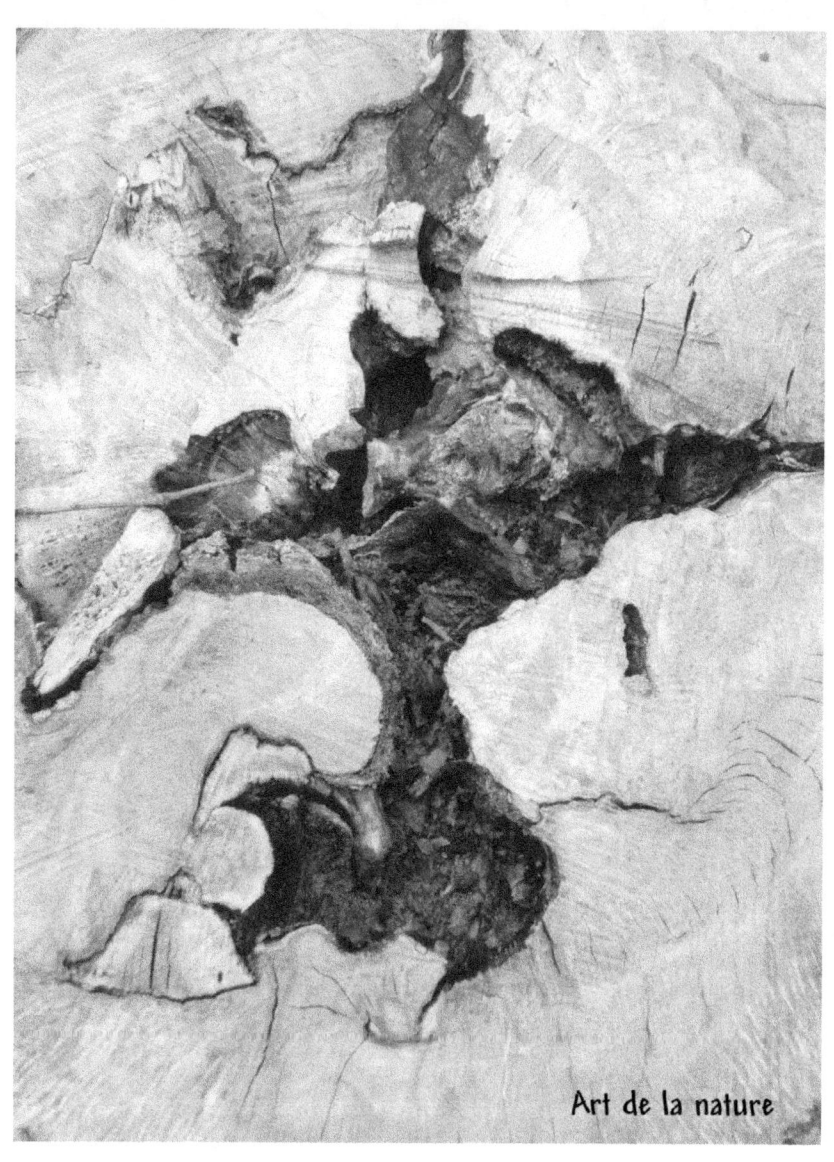

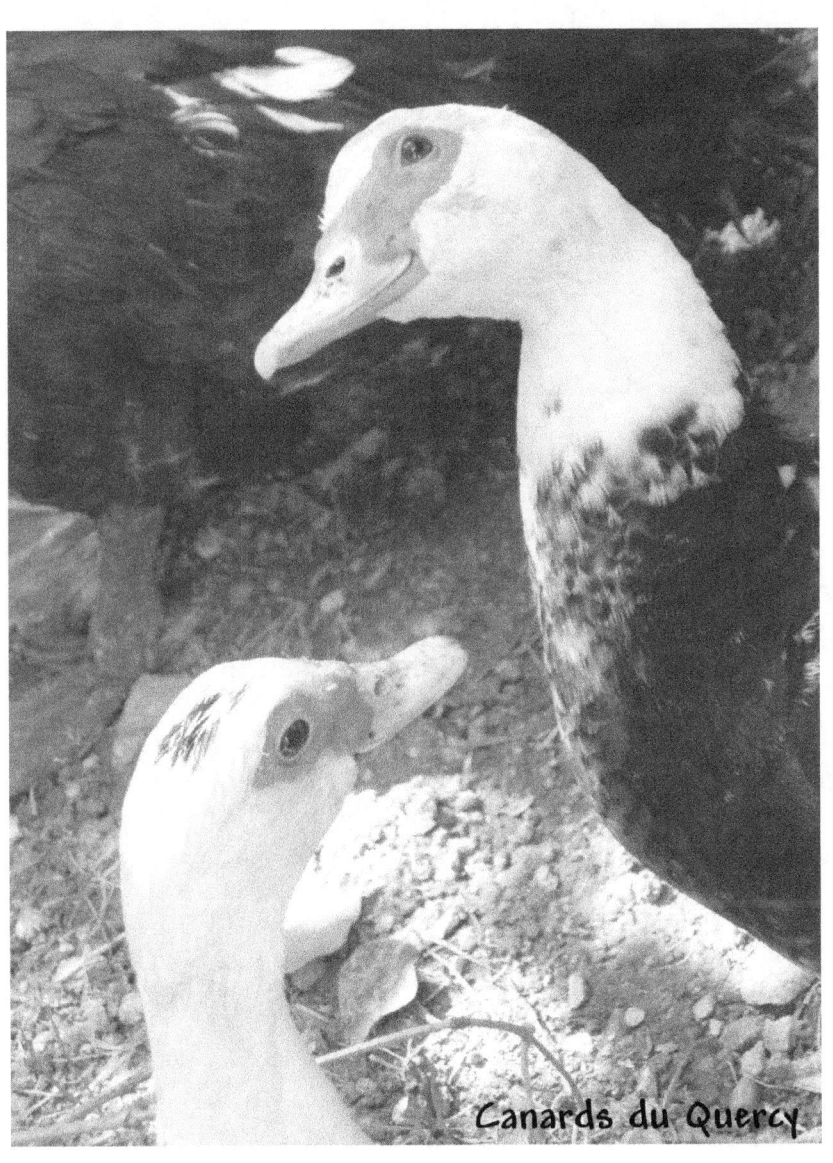

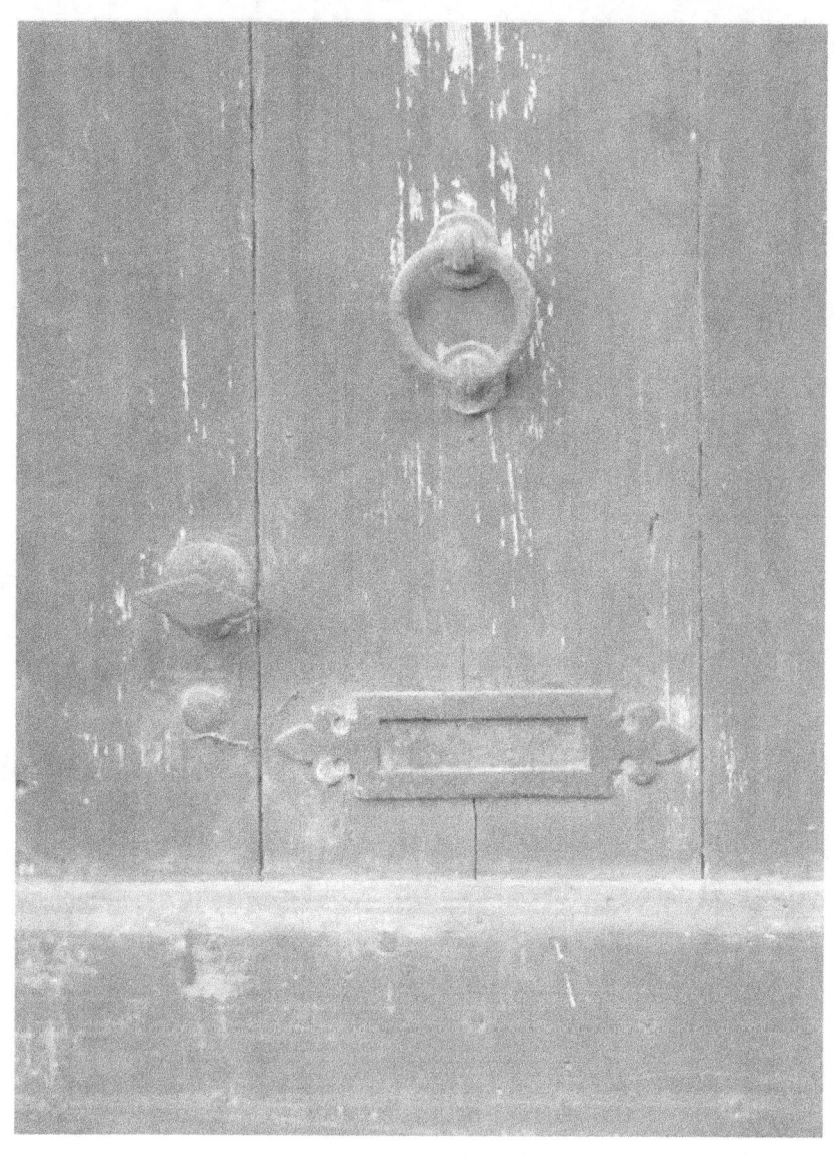

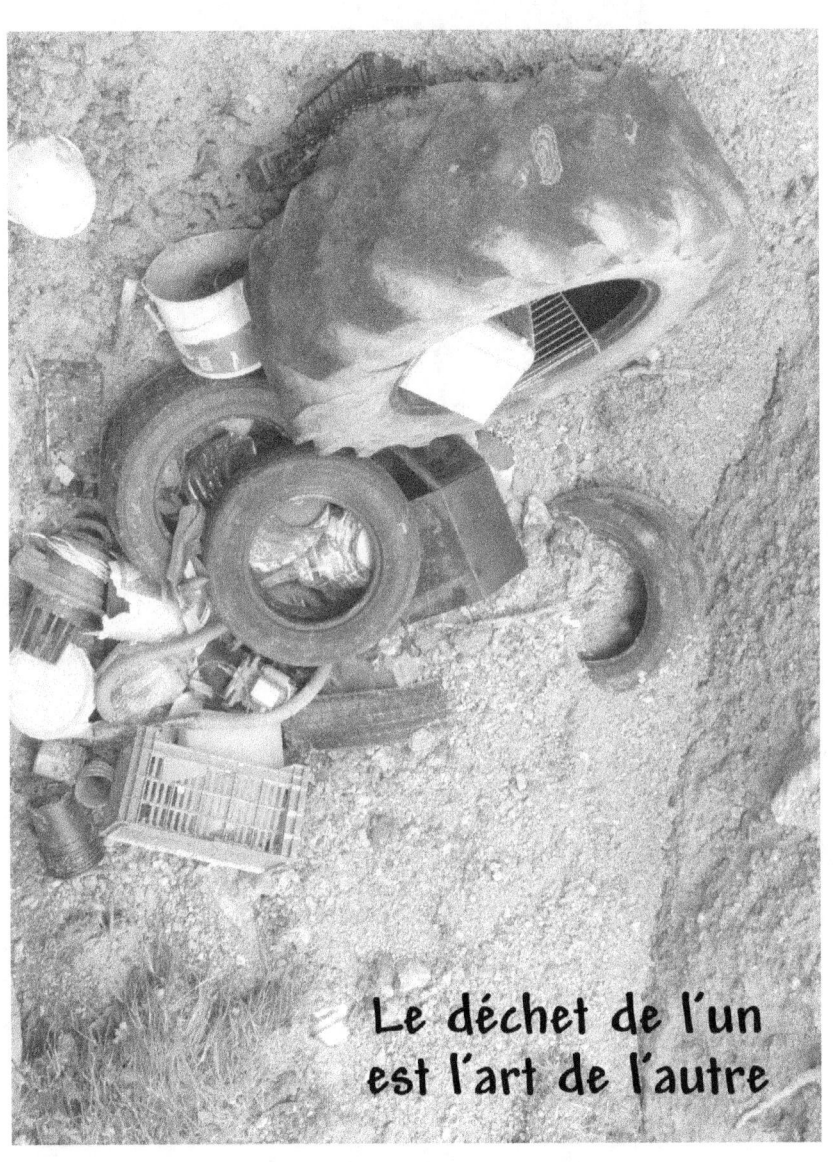

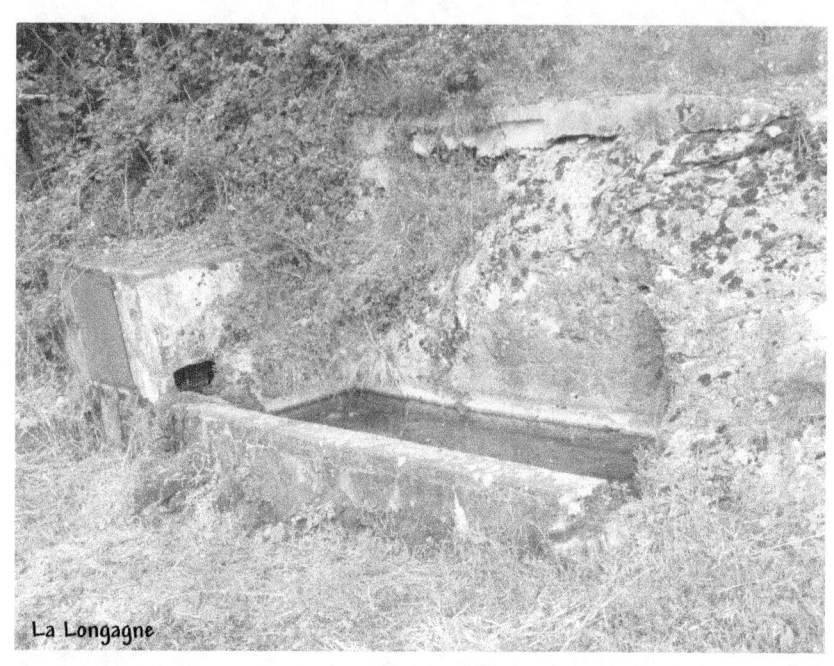
La Longagne

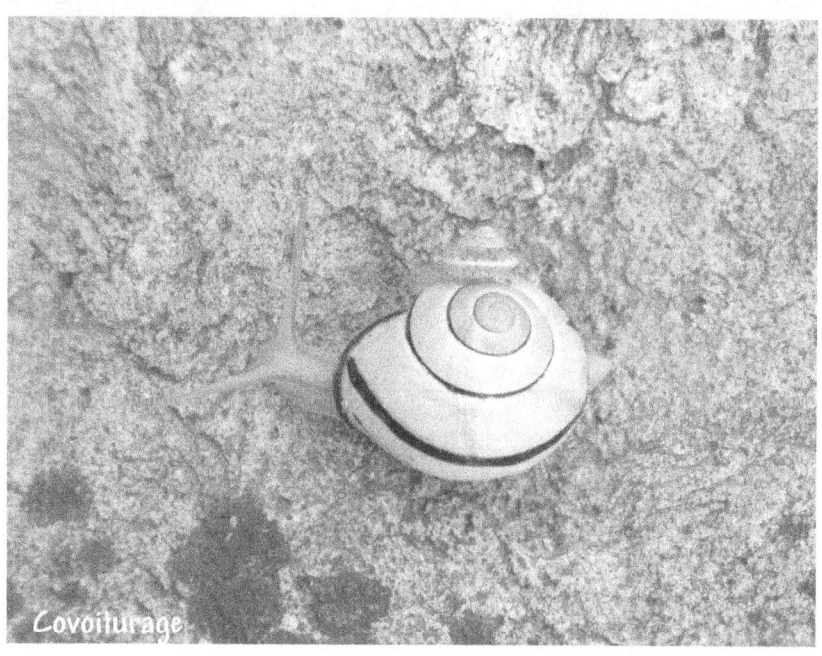
Covoiturage

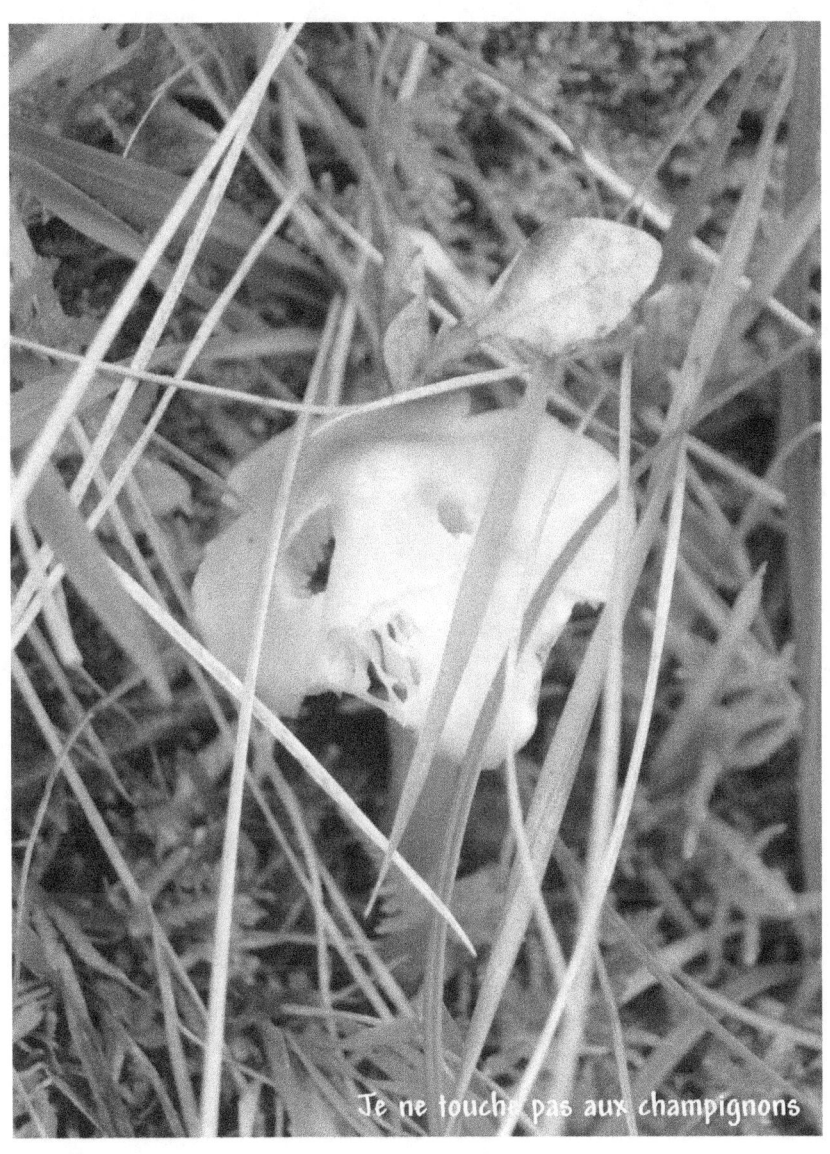

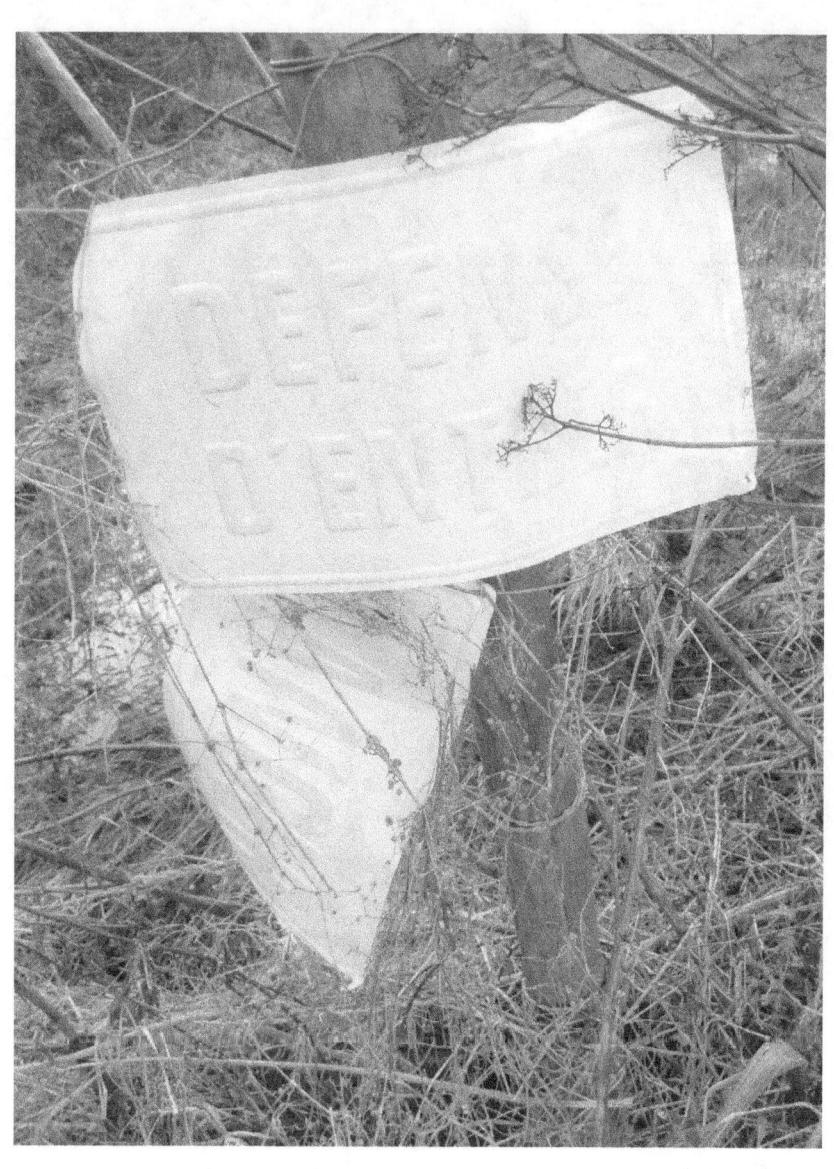

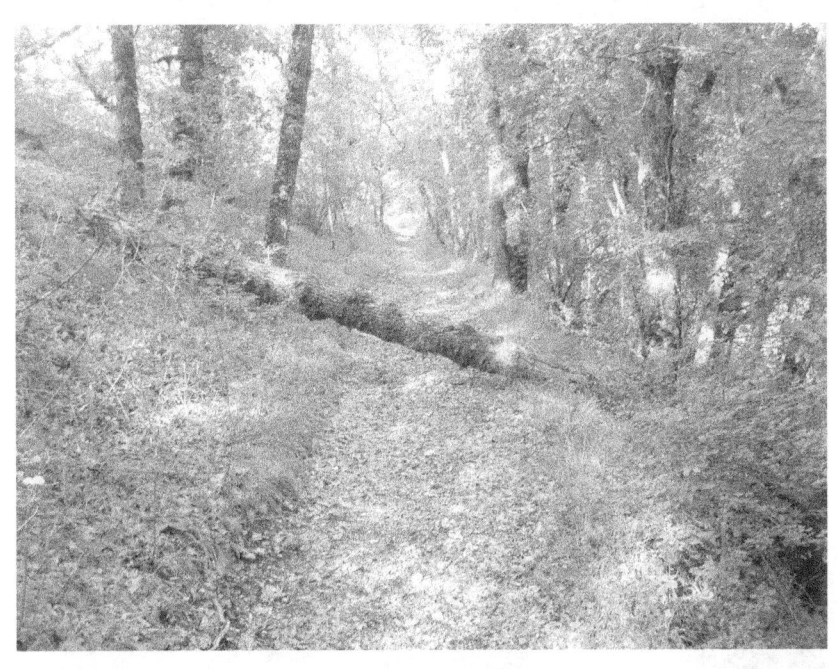

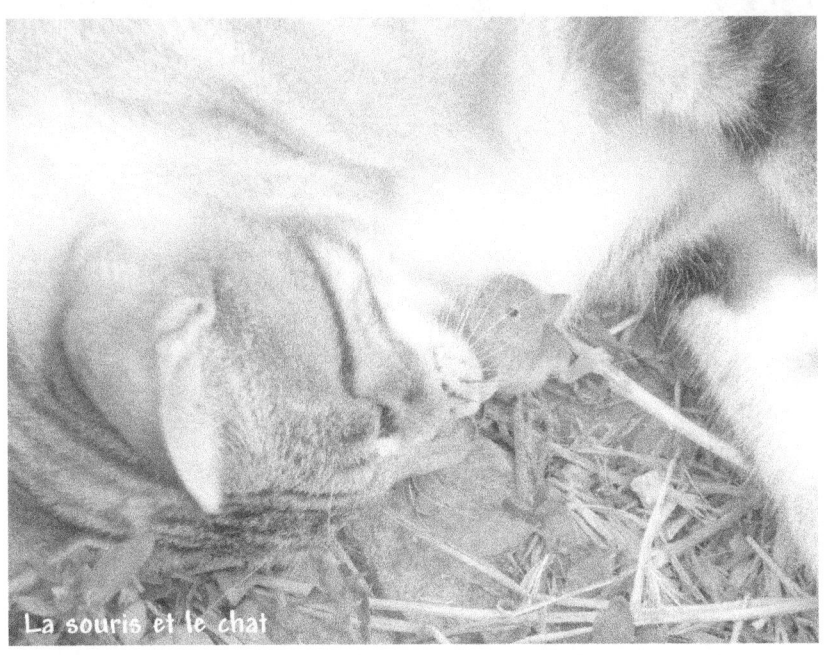

La souris et le chat

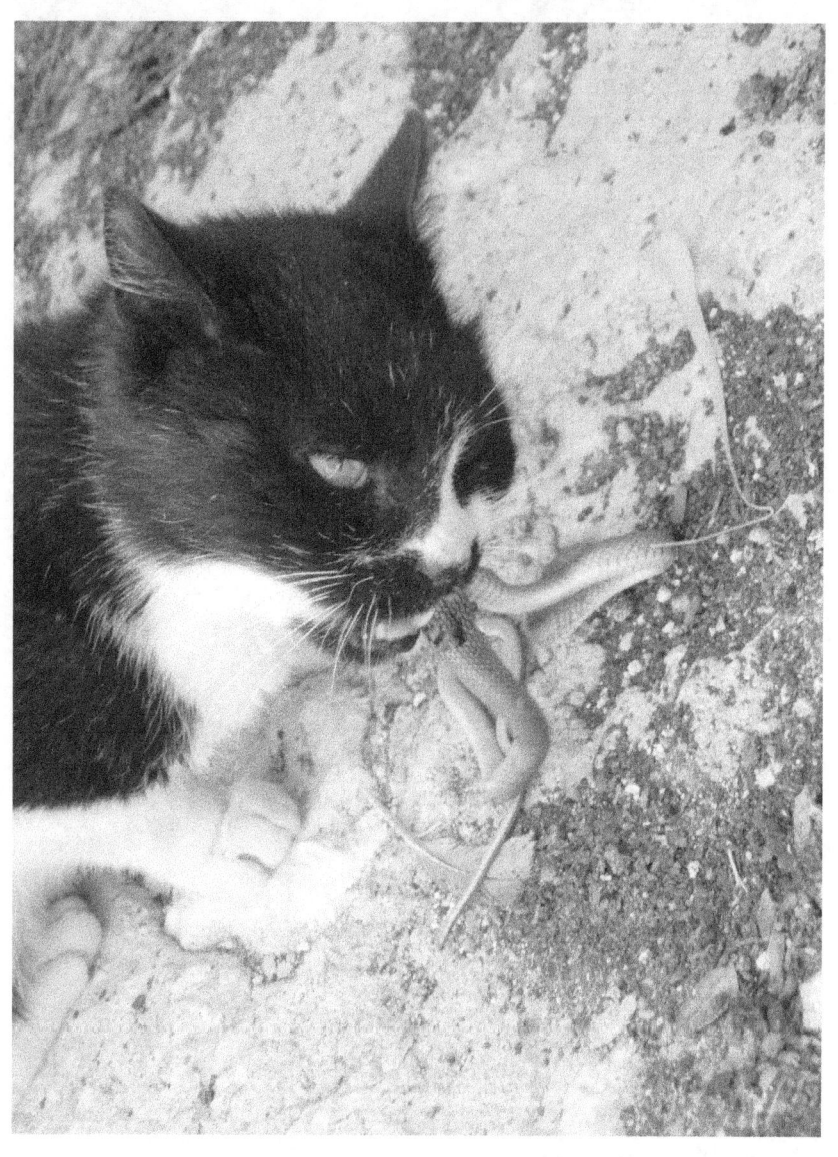

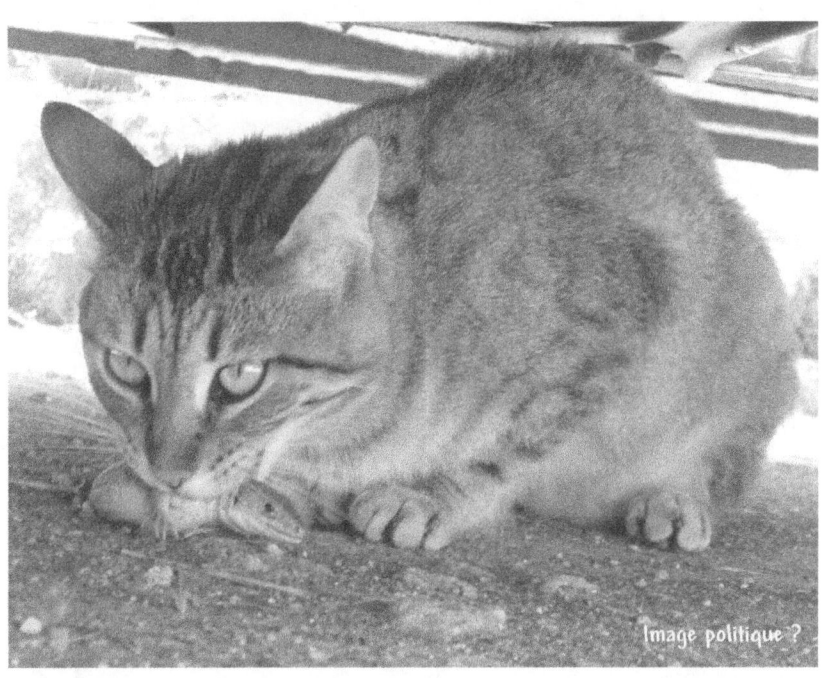

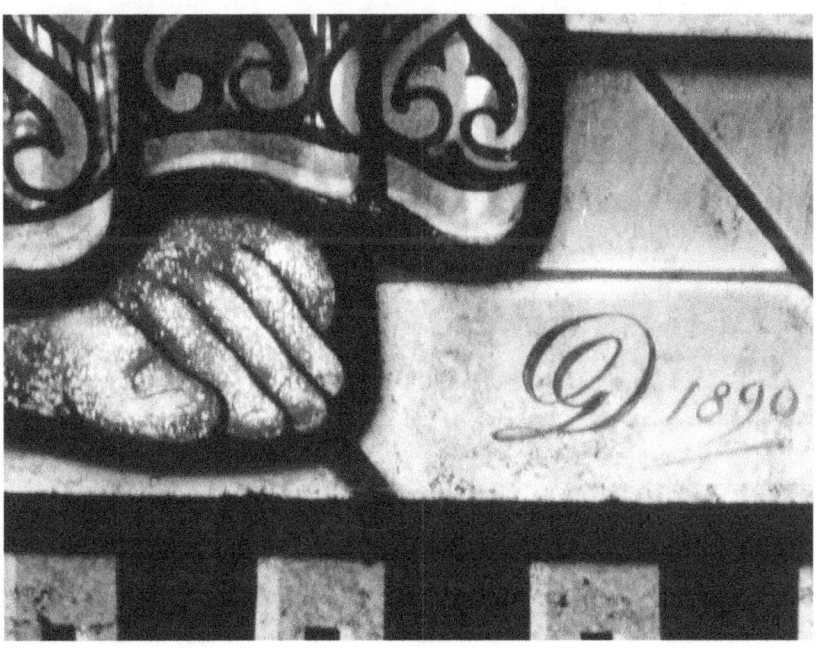

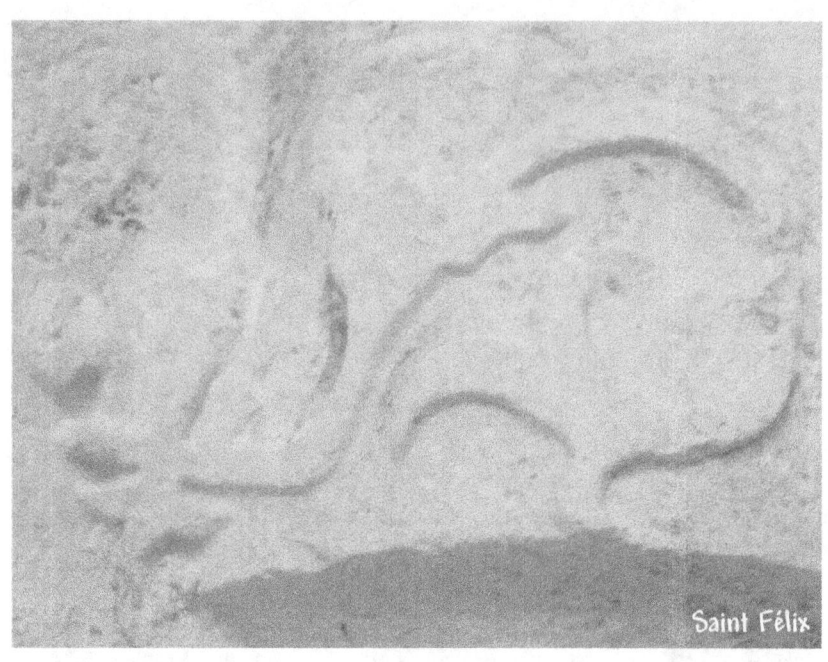

Saint Félix

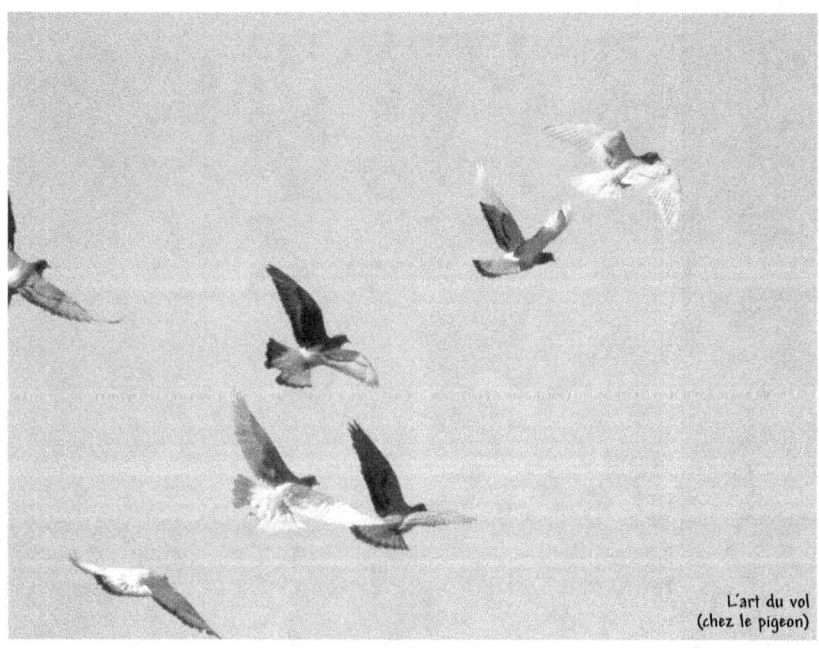

L'art du vol
(chez le pigeon)

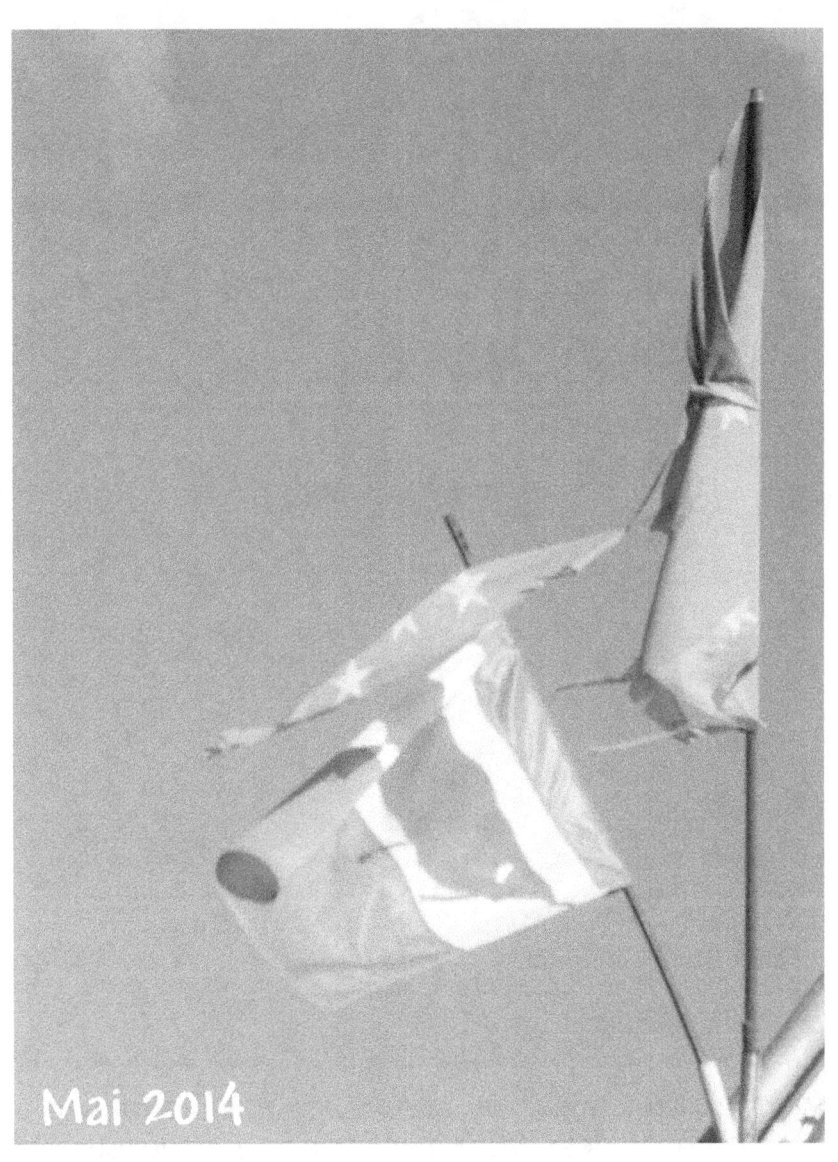

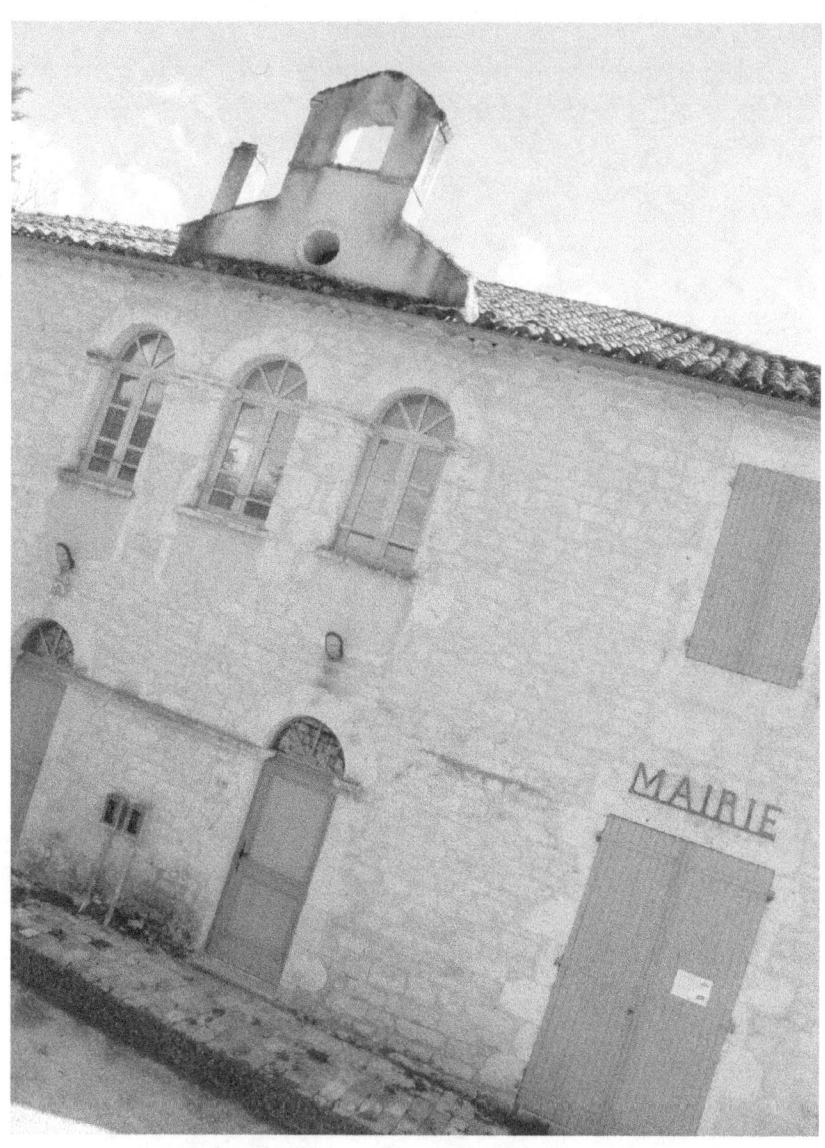

Bien qu'il fut utilisé en alternance avec le moulin à eau (depuis des décennies disparu) situé sur "la route de Belmontet", quand l'eau manquait, "le Moulin de Bagor" n'est pas répertorié au territoire de la commune. Quelques mètres après la frontière ! Il s'agit même d'une frontière départementale...

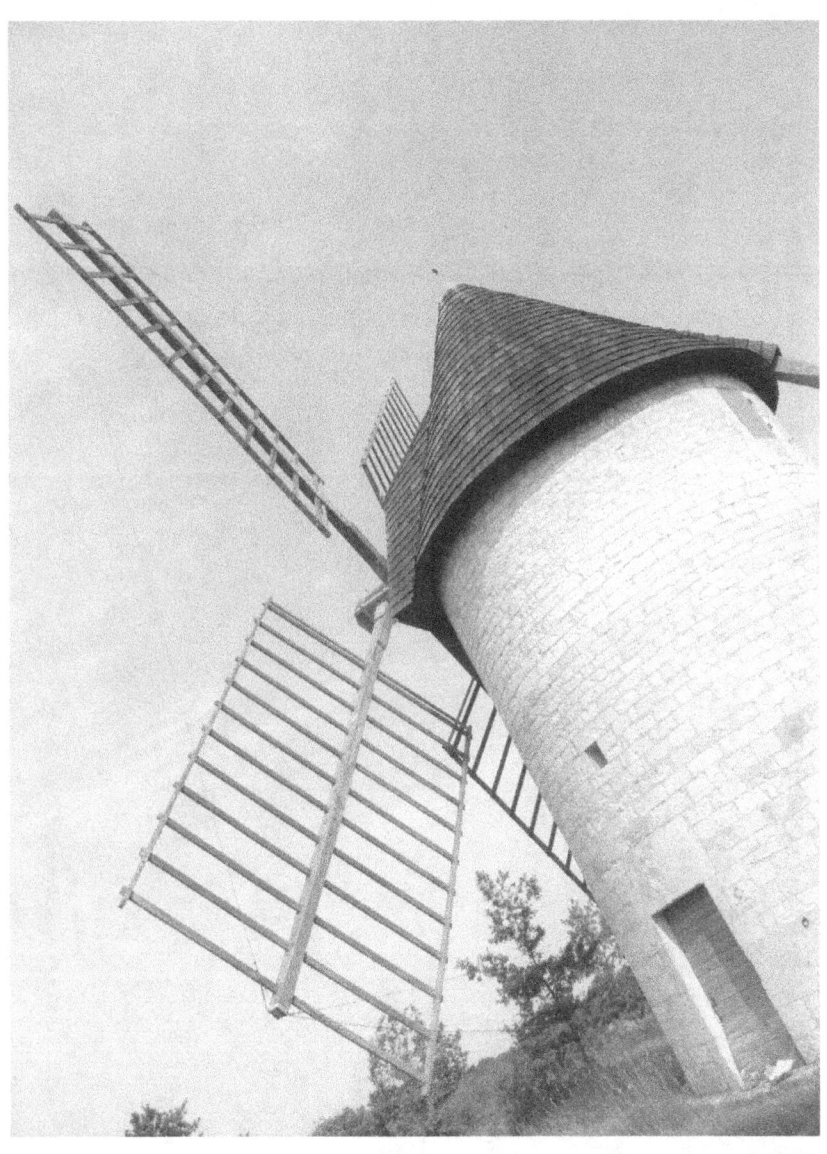

Montaigu-de-Quercy. Il serait le seul moulin à vent du Tarn-et-Garonne dont les ailes, restaurées, peuvent tourner... Mais pour des villageois, le Moulin de Bagor, c'est Valprionde !
Ils le regardent de loin, s'y retrouvent lors des ballades...

une commune, sous la dénomination de communauté de St Félix, ayant ses consuls et ses praticiens dont les synonymes paraissent être aujourd'hui percepteurs, bourgeois. Elle est composée de deux villages principaux, l'un, à l'ouest de l'église, est l'homonyme de la paroisse ; l'autre, au sud, a nom la Longagne. Au nord, un troisième dans une crique de la jolie vallée de la Séoune, et composé de trois maisons seulement, est connu sous le nom de Treffé, auquel est comme annexé celui de la Borie qui ne compte que deux maisons. D'autres maisons éparses forment le complément de la paroisse, et portent le nom des lieux où elles sont bâties.

Vu du côté de Ste Croix, St Félix présente un aspect peu riant. Au nord et au sud serpentent deux étroites vallées qui prennent leur origine au moulin à vent de M. Albugues, de la Gardelle, ex-maire de Ste Croix, et vont se réunir en face des Tobies, village d'Olmières, pour se confondre, à une courte distance, avec la vallée de la Séoune. Il semble qu'elles sont destinées à encaisser dans une vaste enclave, la presque totalité de la paroisse

quarante cinq centimètres (4,45) superficie vingt
mètres, quarante sept centimètres carrés (20,47) cette
superficie ajoutée à celle de l'église 88,32 fait
un total de .... 108,79 mètres carrés

La sacristie a trois mètres dix de long (3,10) et
deux mètres quatre-vingt quinze de large (2,95)
superficie neuf mètres quatorze centimètres carrés (9,14)

La hauteur de la nef, du pavé au lambris, est
de quatre mètres soixante-cinq centimètres (4,65) le
lambris est en très mauvais état, il demande à être
renouvelé, ou mieux, à être remplacé par une voûte.

Avant 1812 le cimetière s'étendait devant la
porte de l'église dans laquelle on n'entrait qu'après
avoir foulé aux pieds une partie des cendres des
morts, et parce que cette partie était élevée au
dessus du niveau de la porte de l'église on ne pou-
vait y pénétrer qu'en franchissant deux ou trois
degrés. Mais, pour faciliter l'entrée de l'église, M.
Coulonges fit déblayer le devant de la porte et
changer celle du cimetière.

La construction de l'église paraît remonter
au treizième ou au quatorzième siècle, à en juger

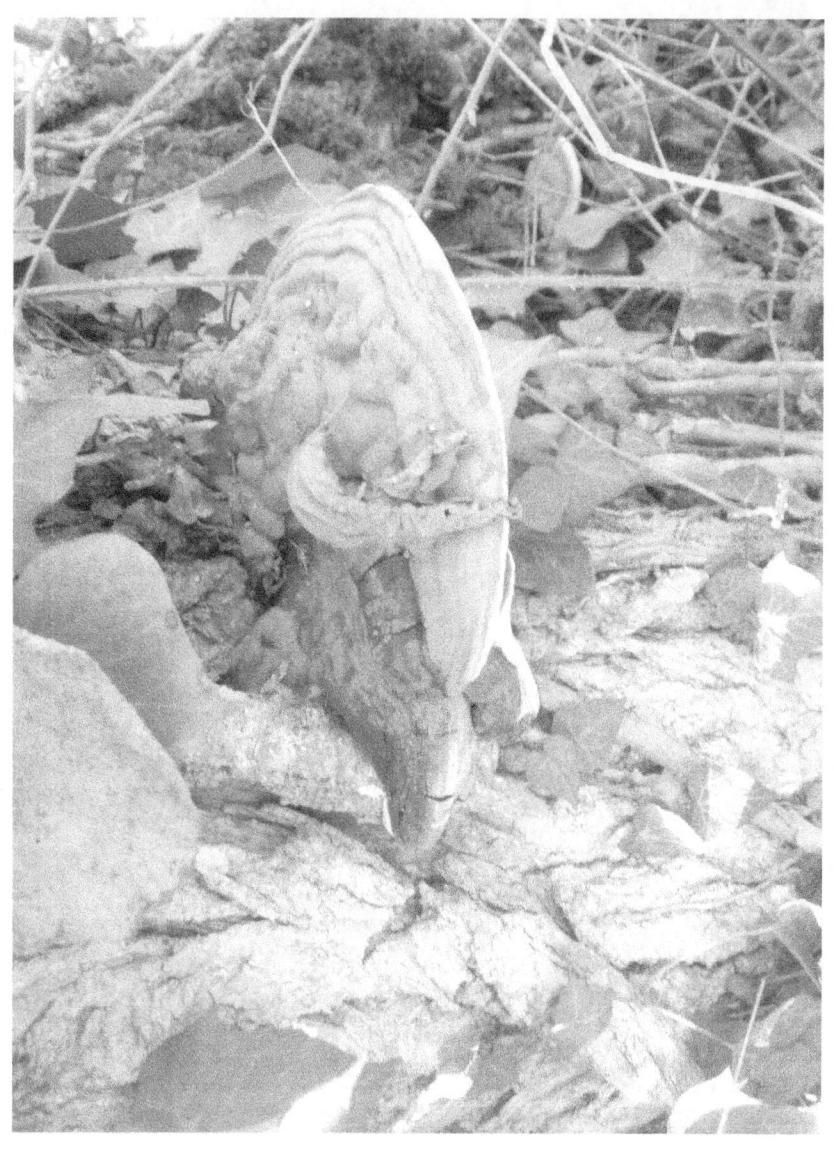

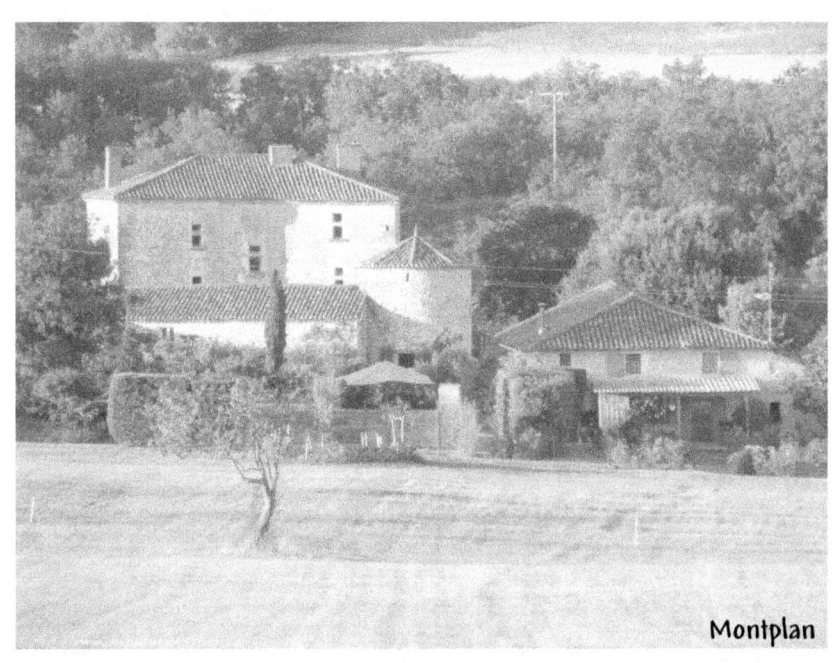

Montplan

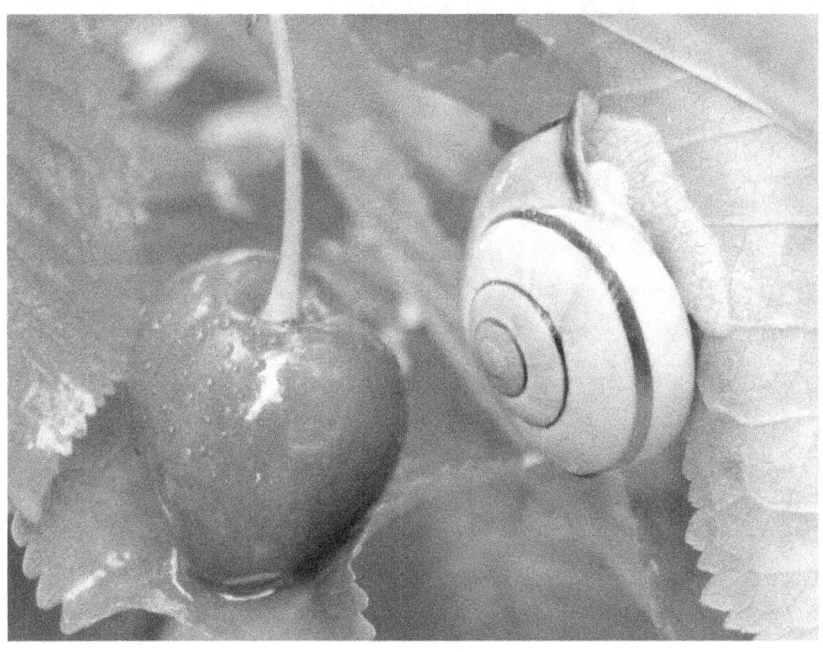

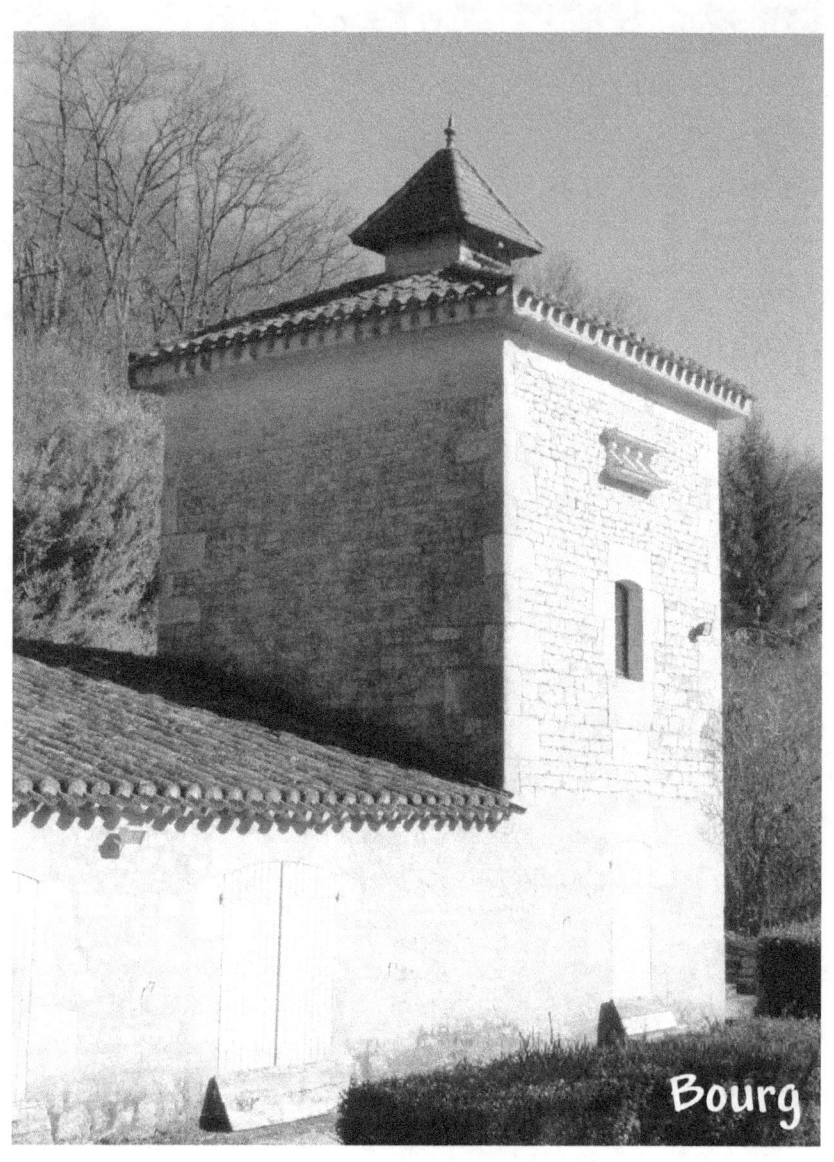

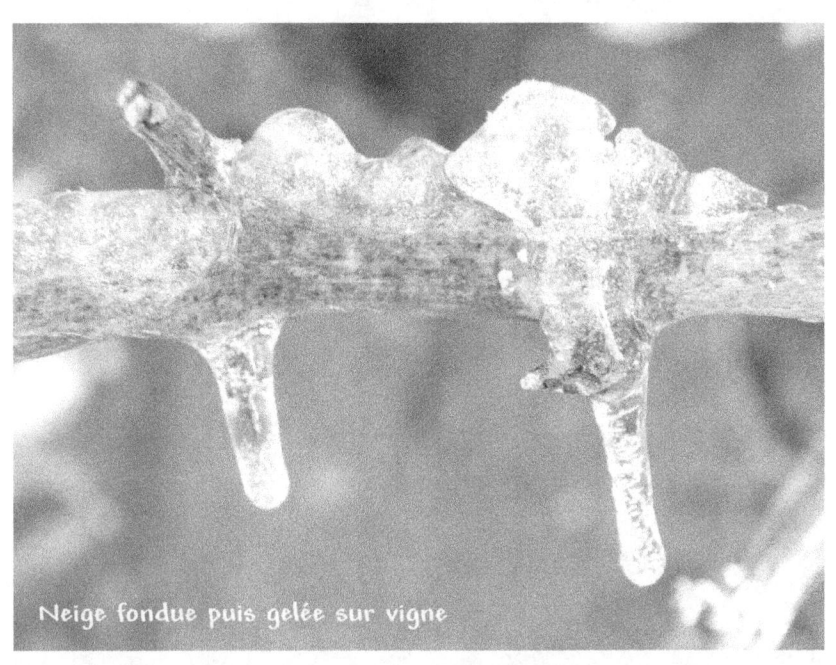
Neige fondue puis gelée sur vigne

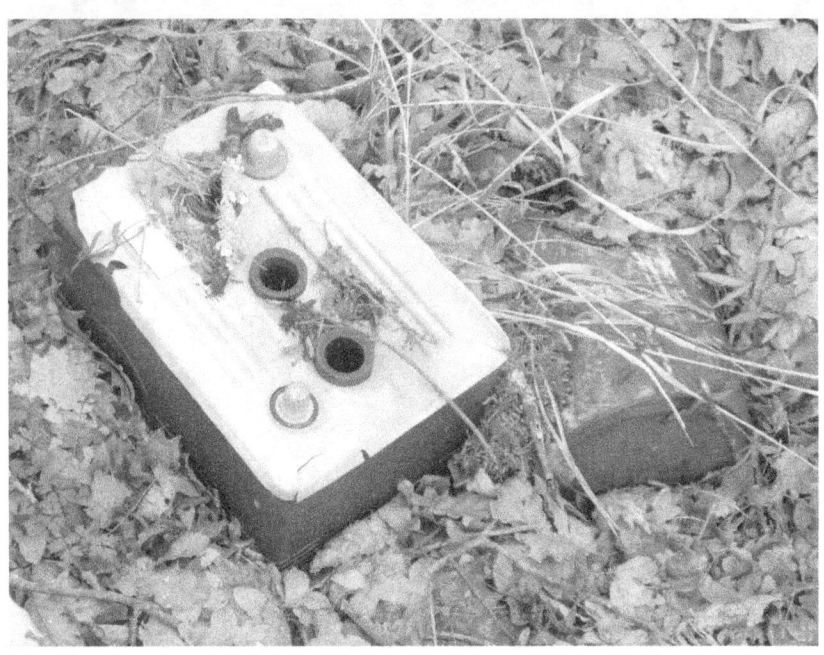

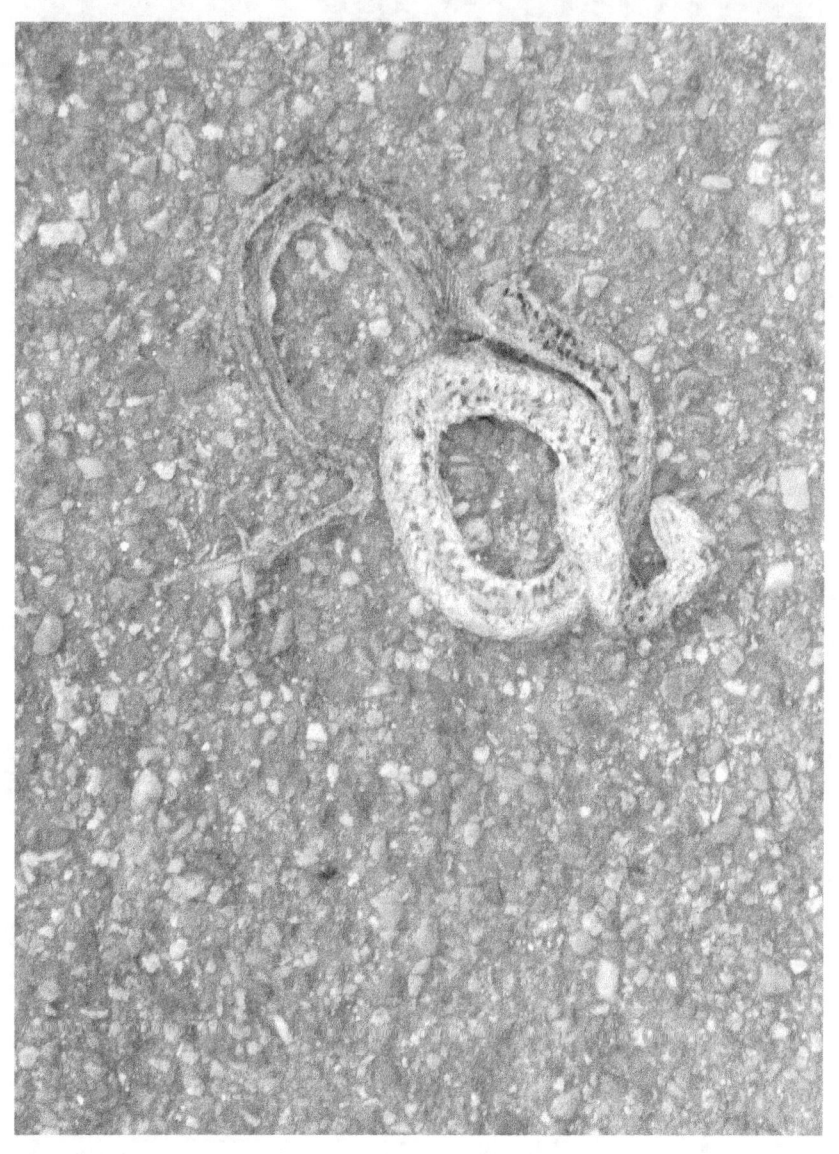

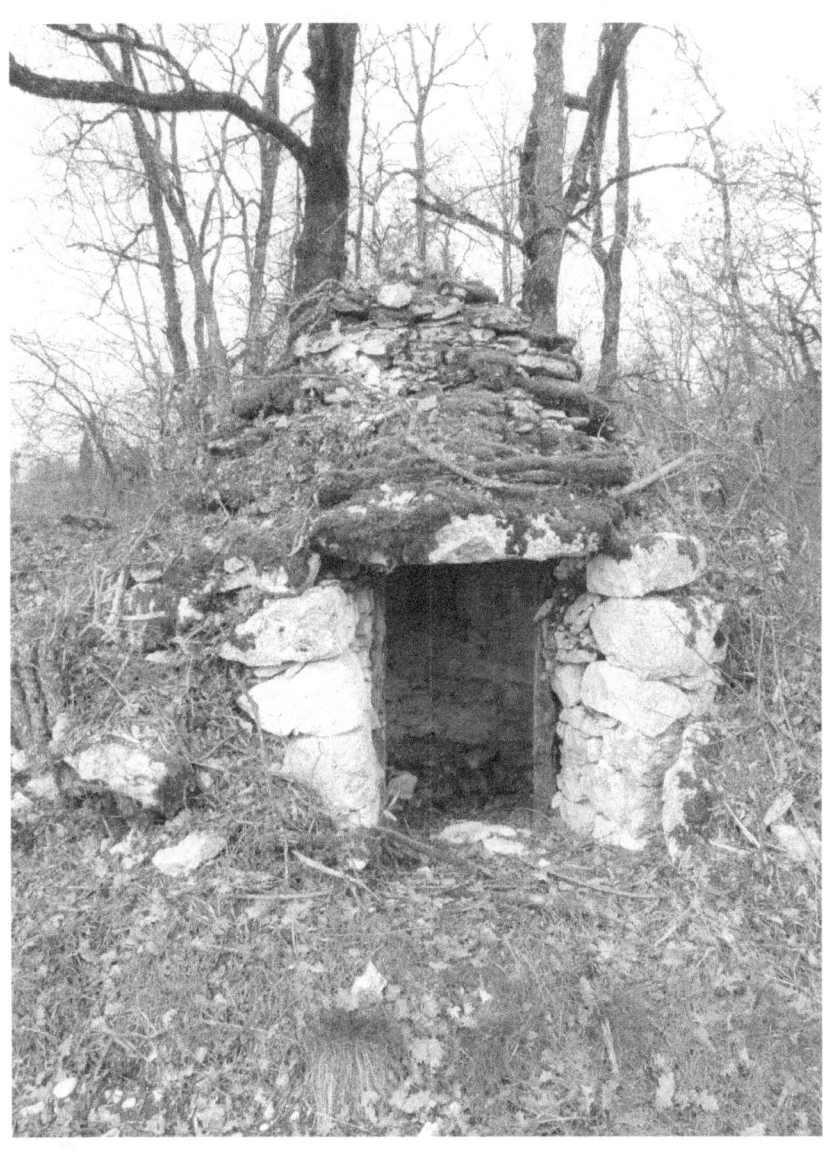

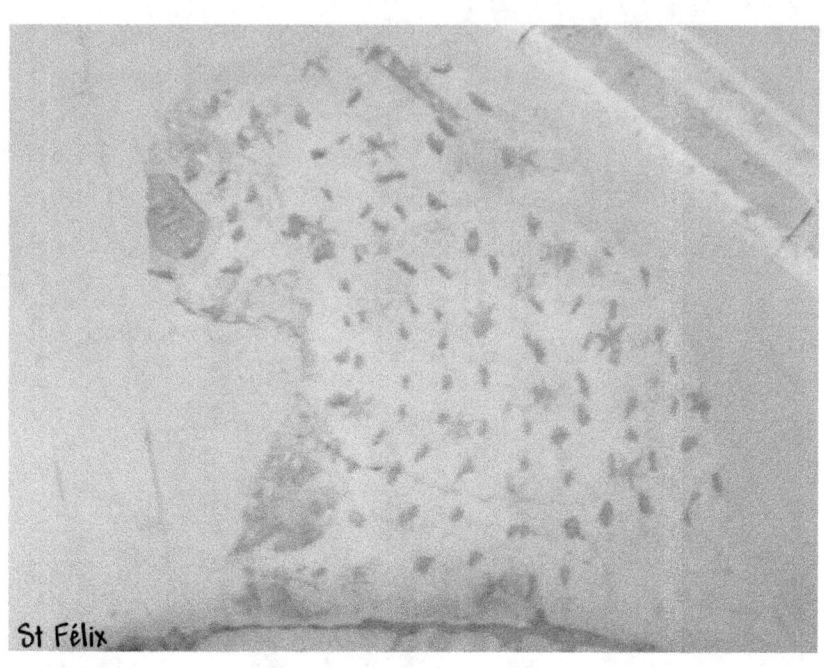

St Félix

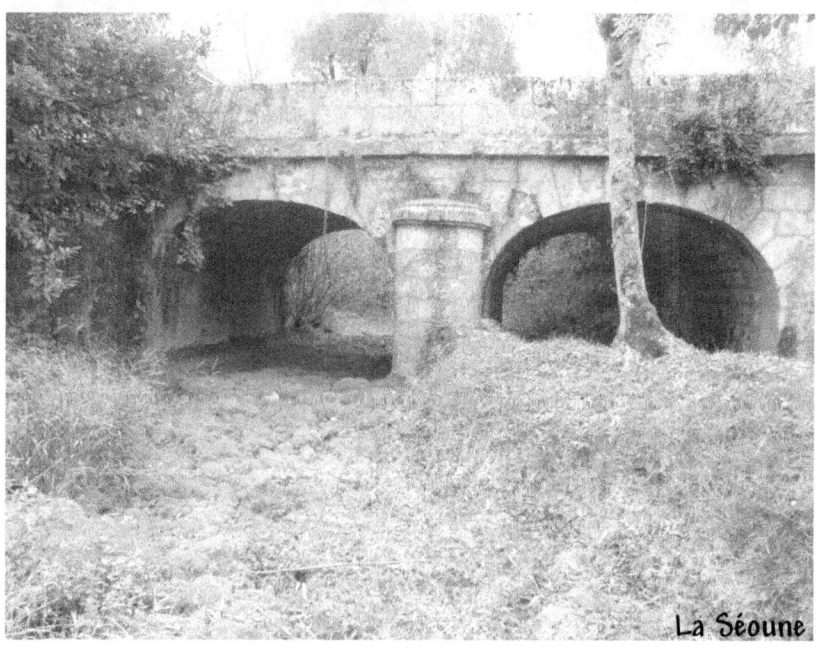

La Séoune

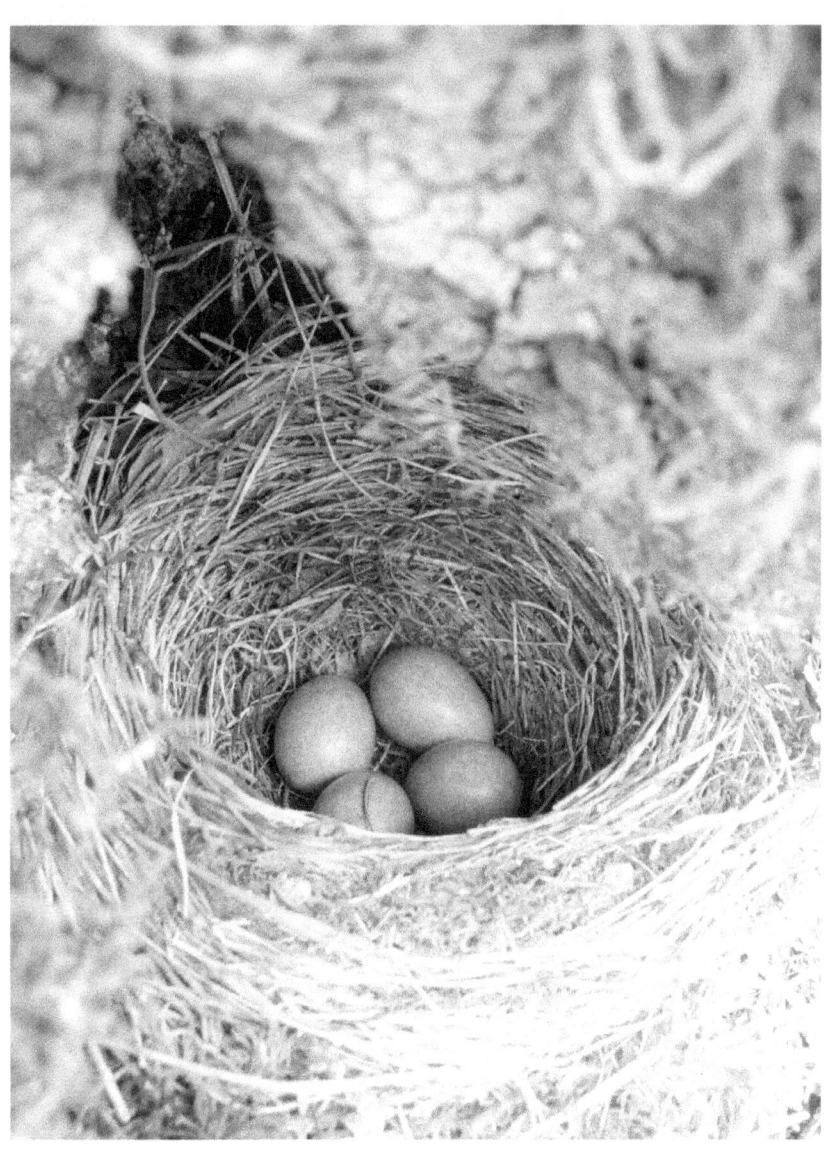

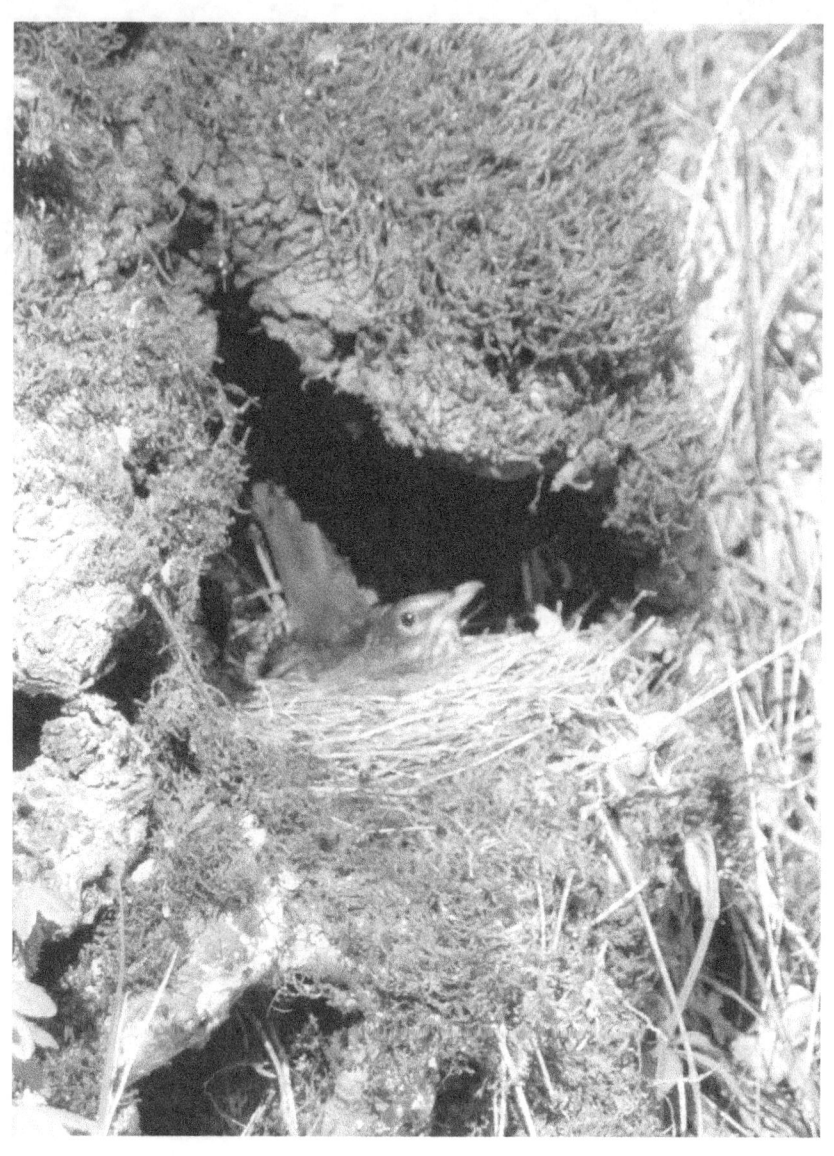

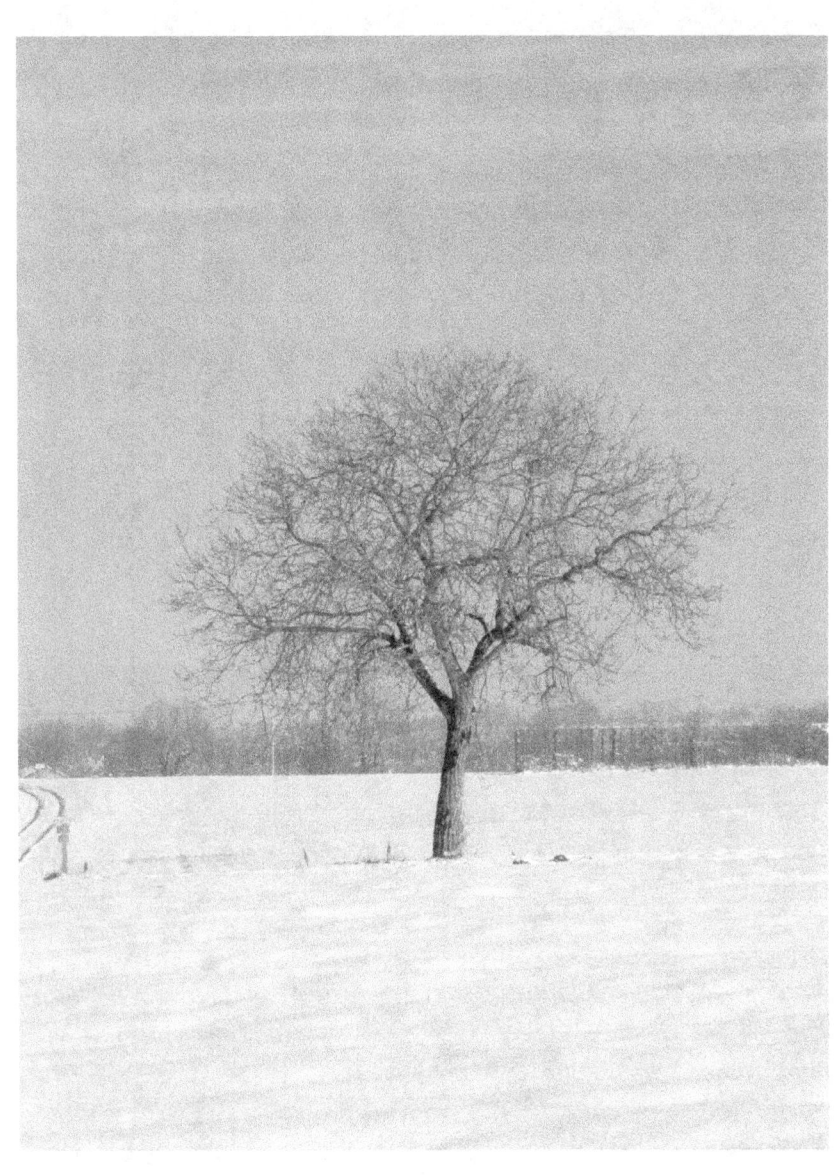

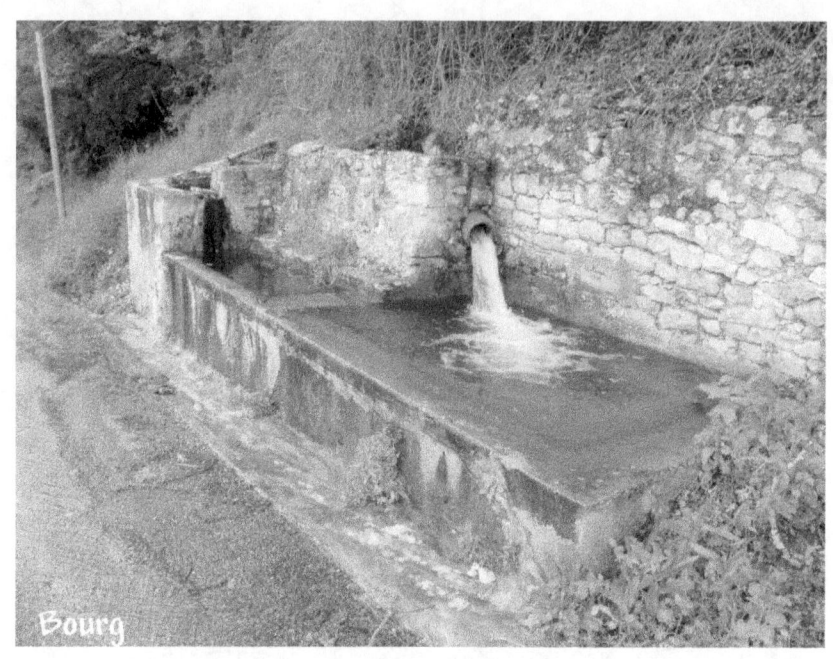
Bourg

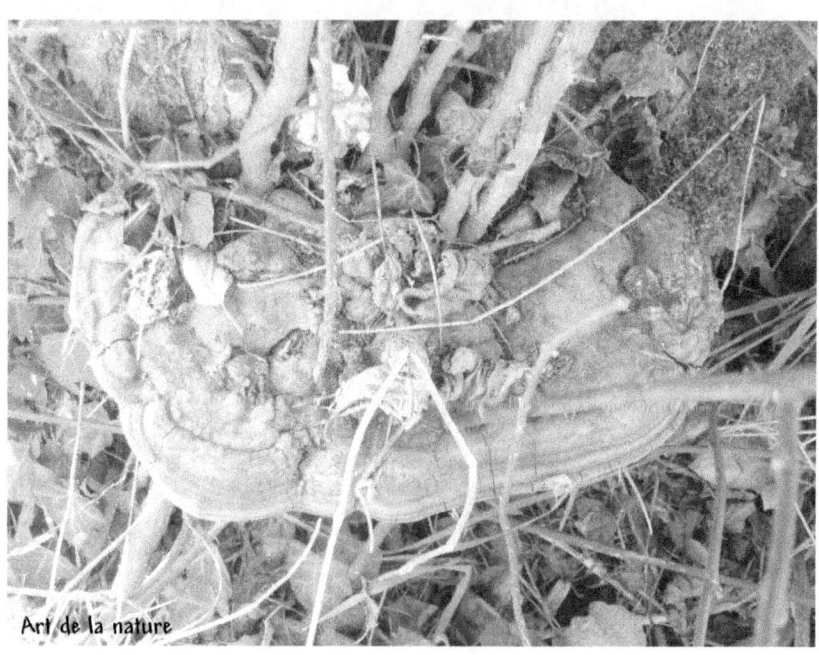
Art de la nature

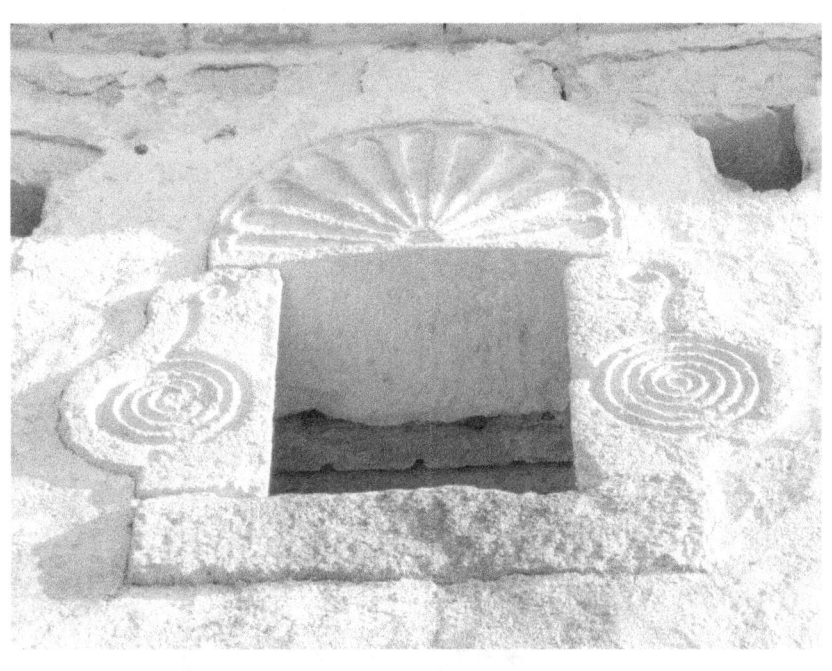

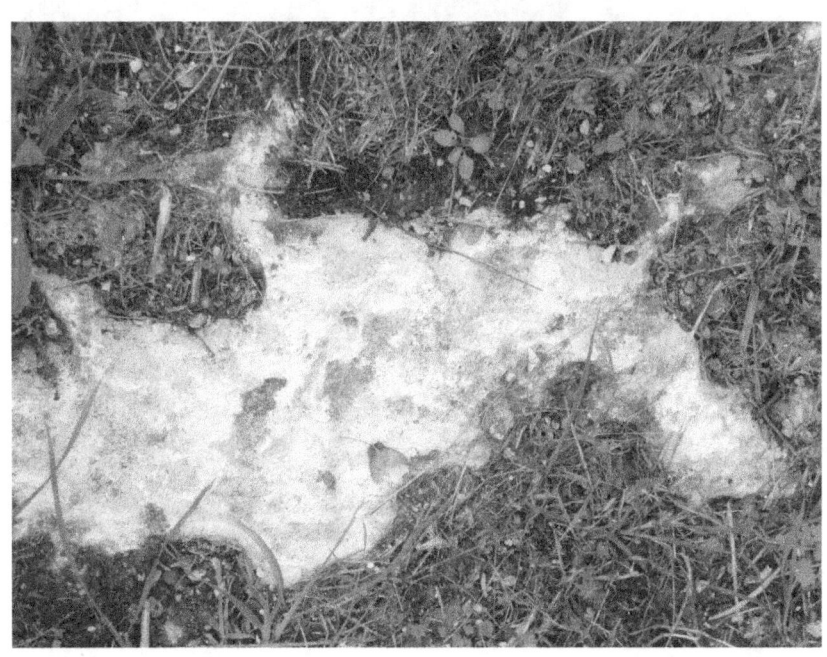

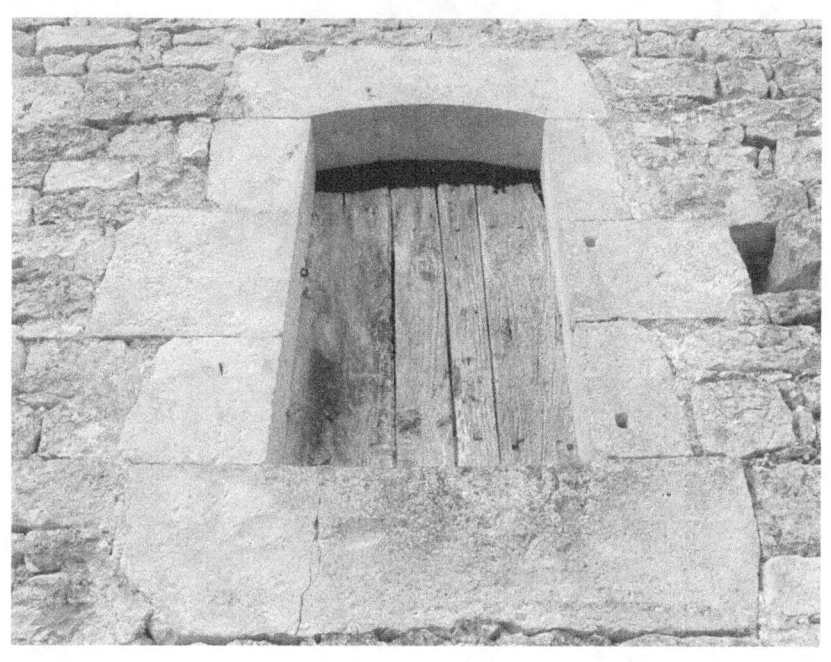

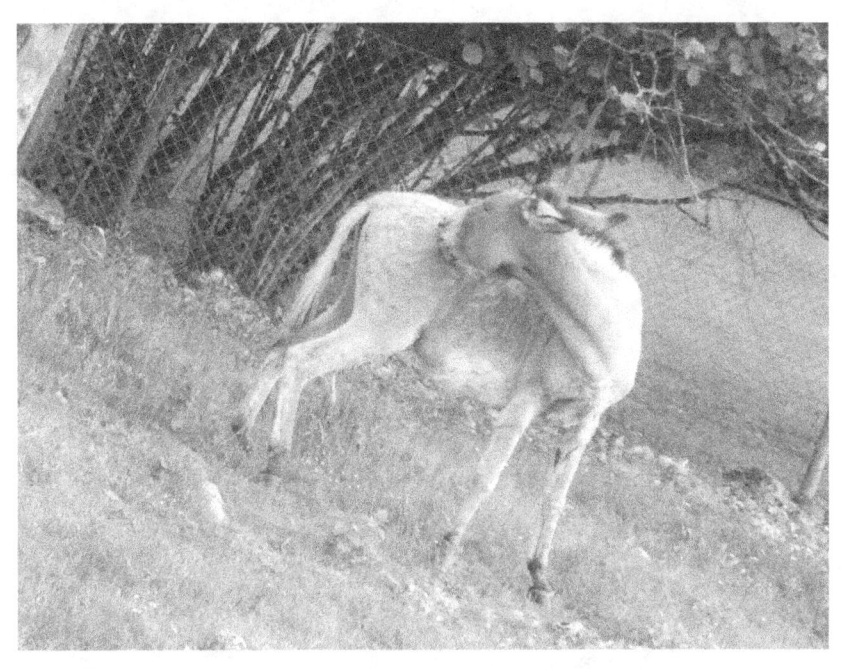

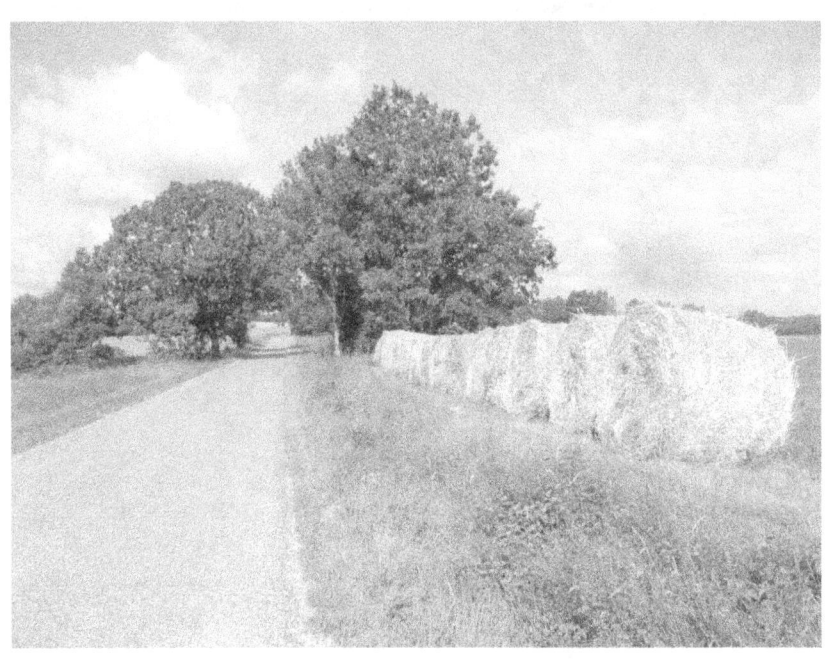

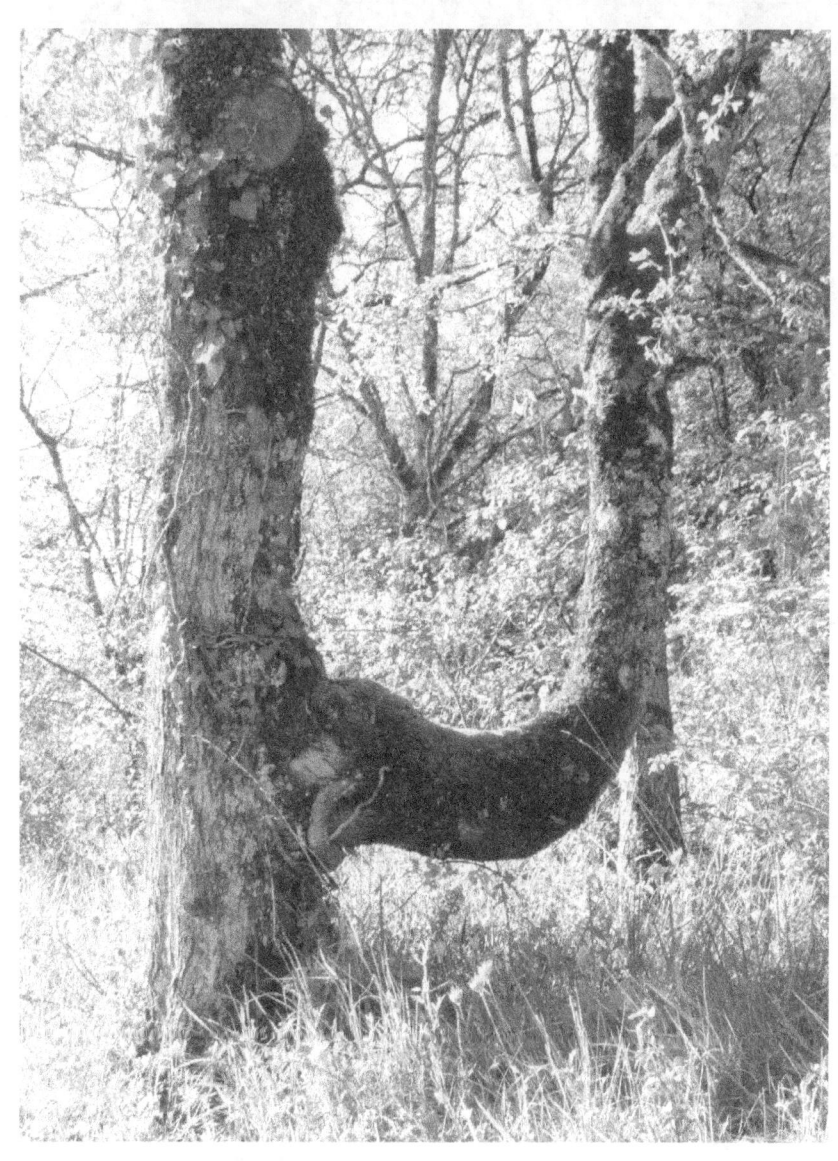

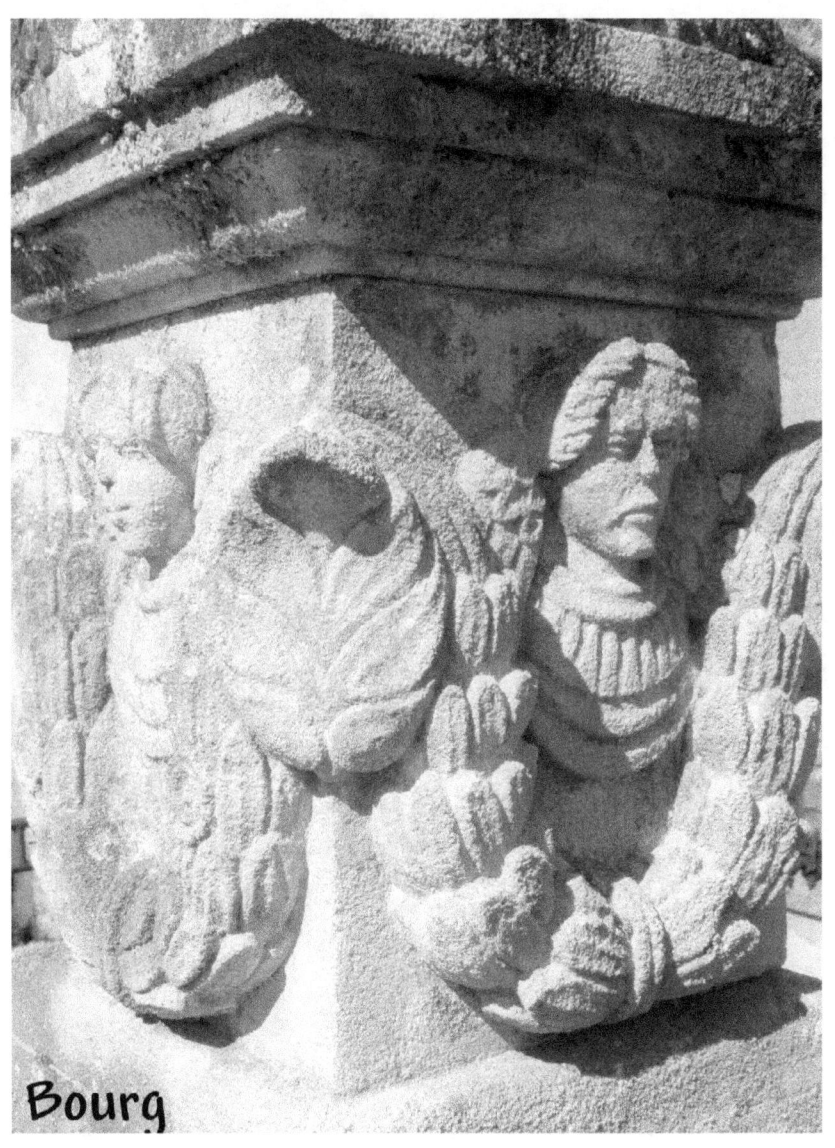

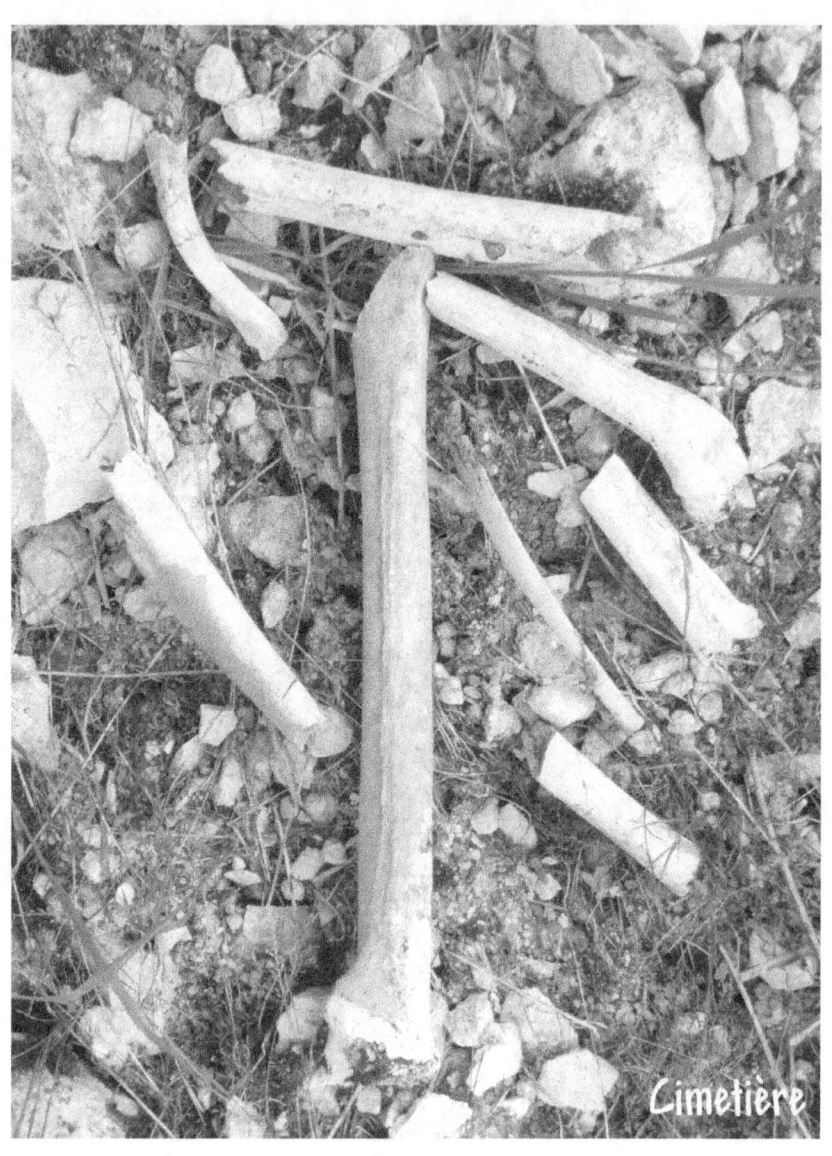

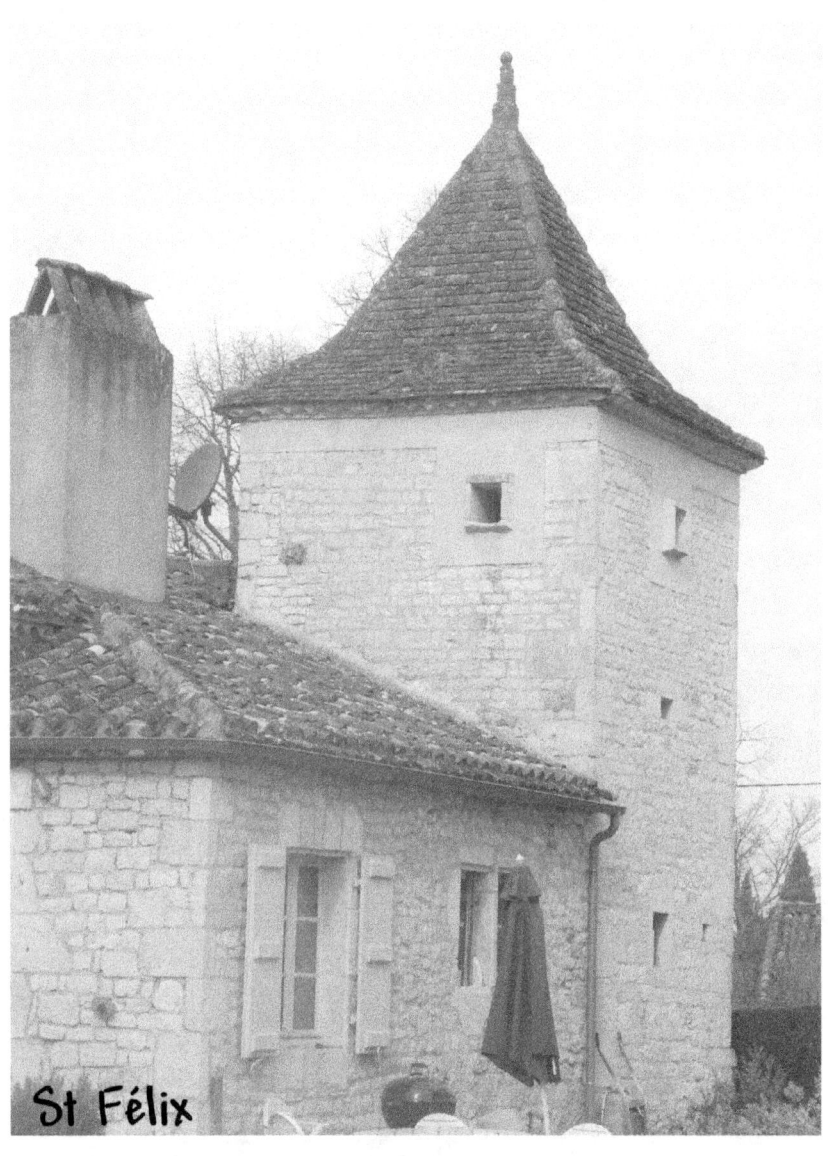

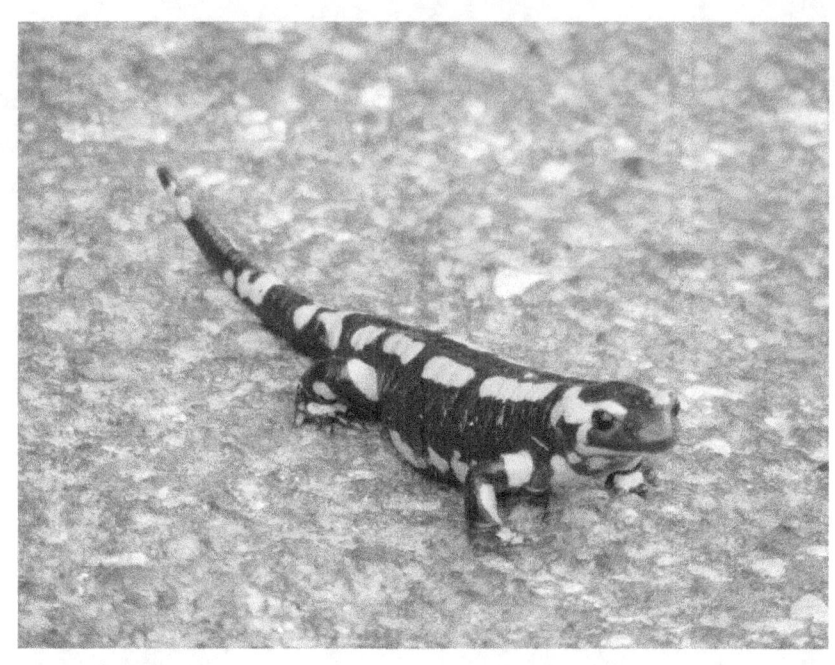

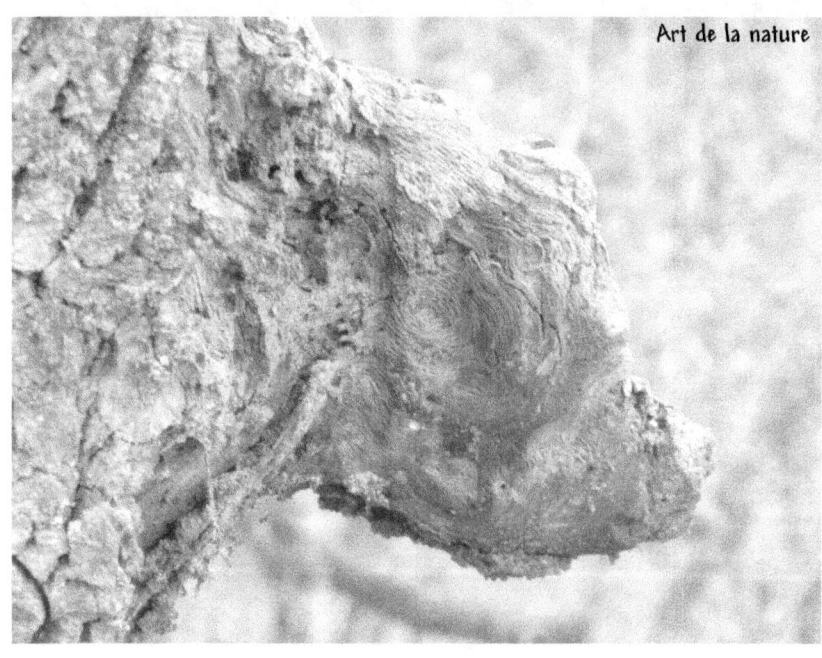

Art de la nature

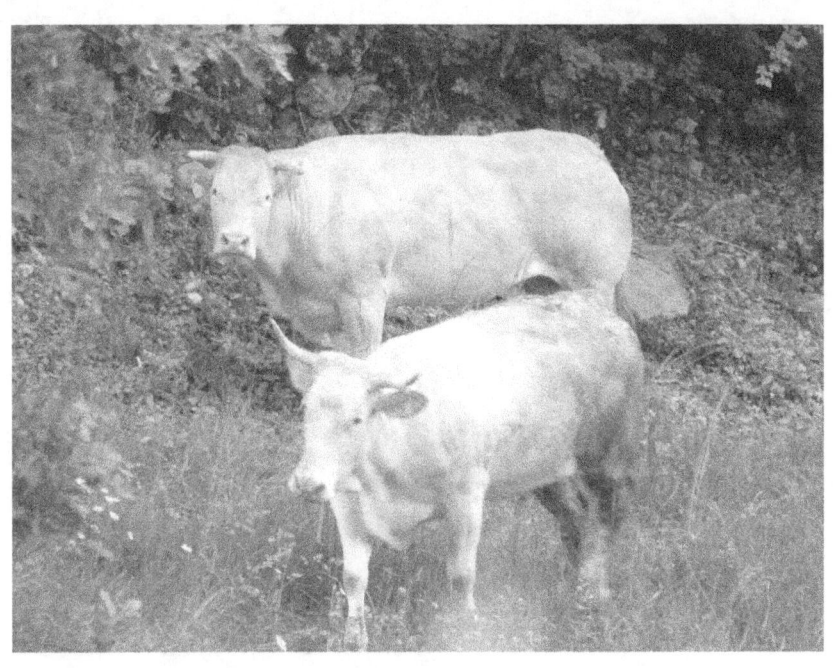

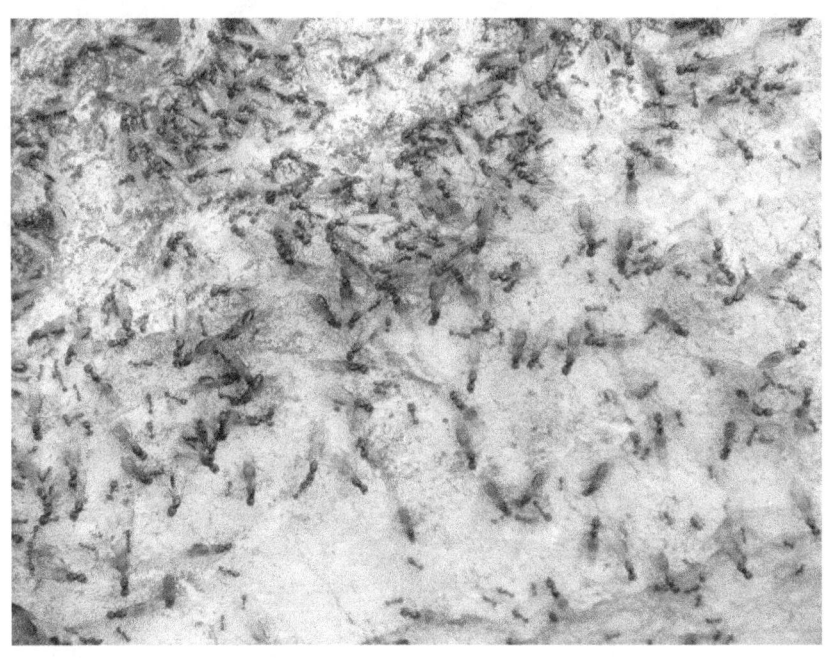

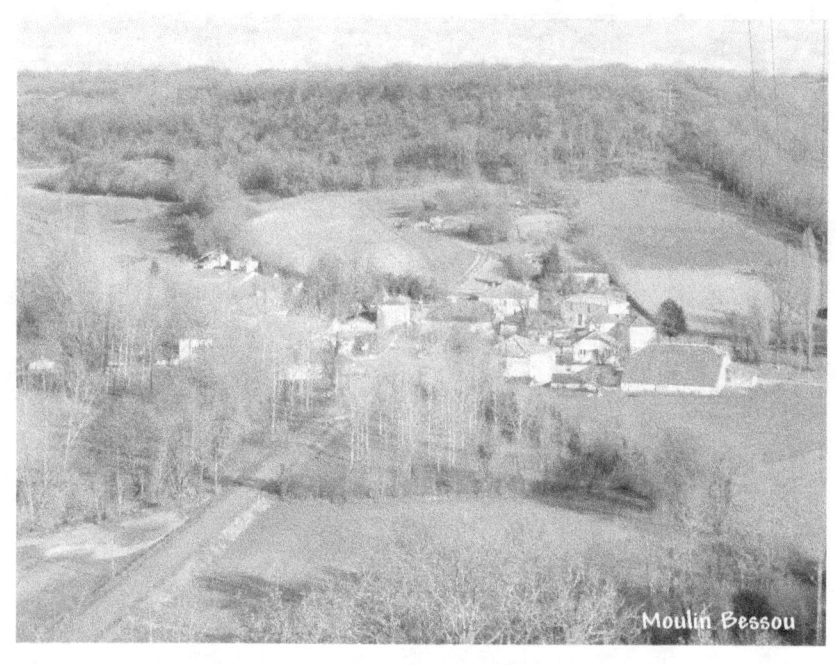

Moulin Bessou

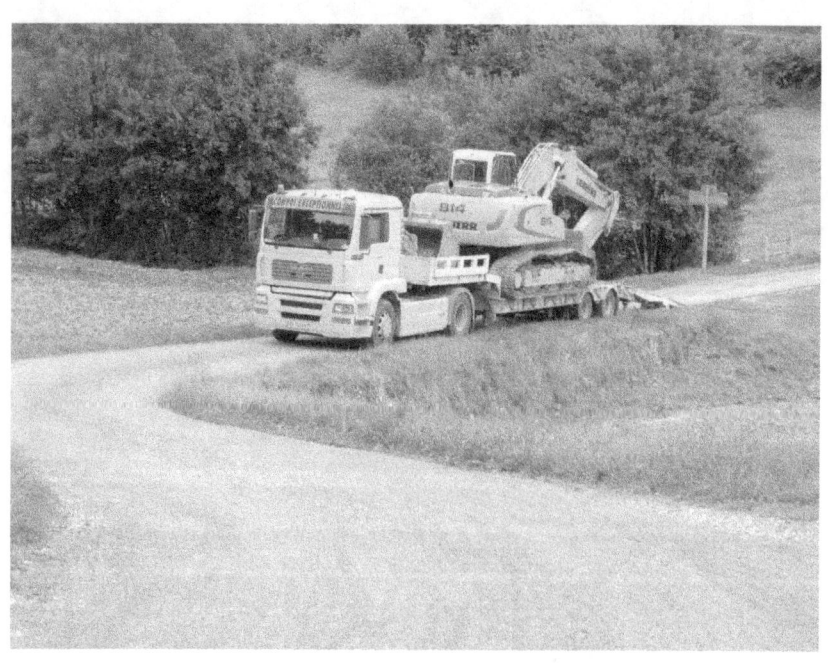

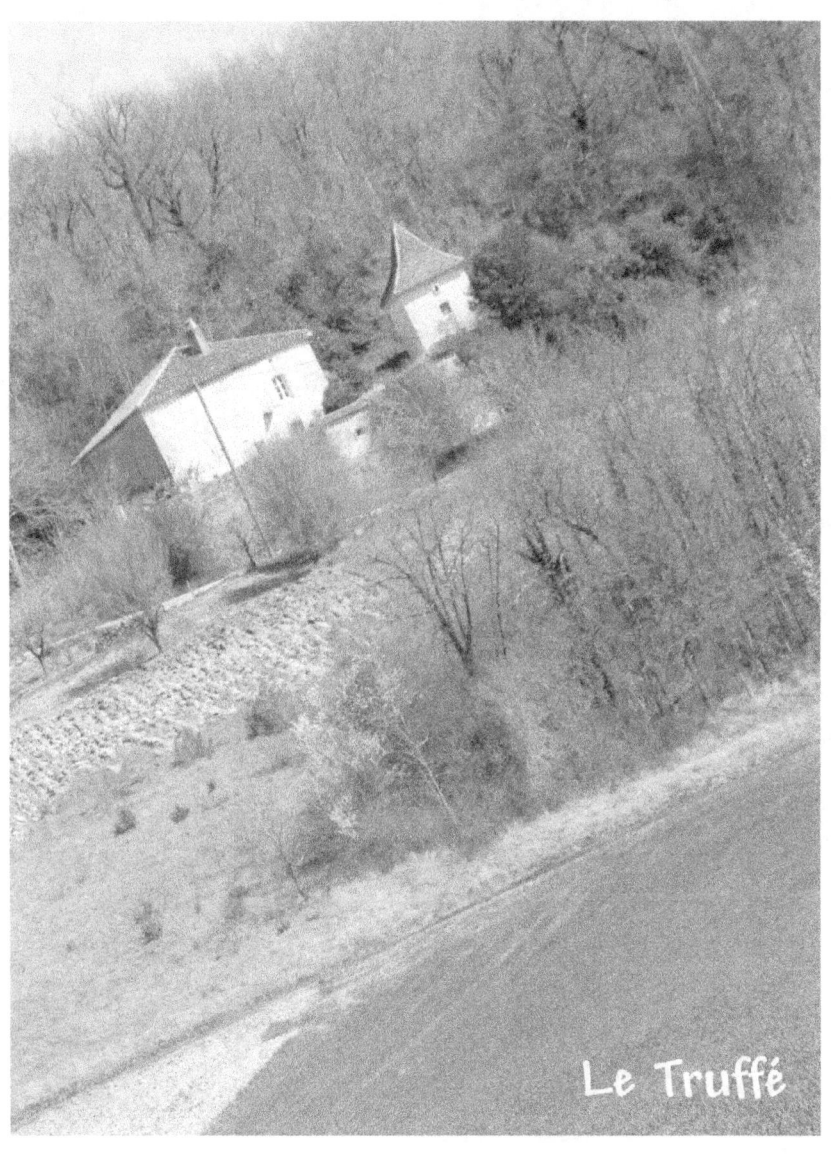

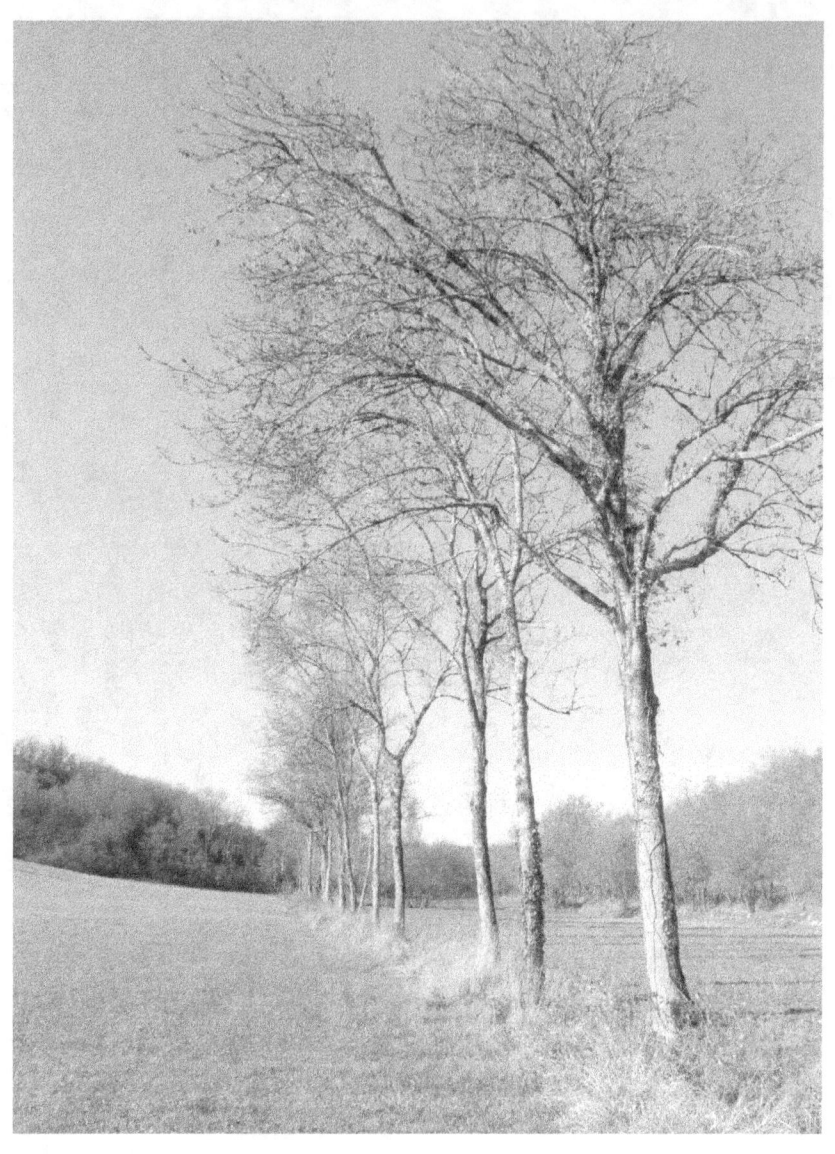

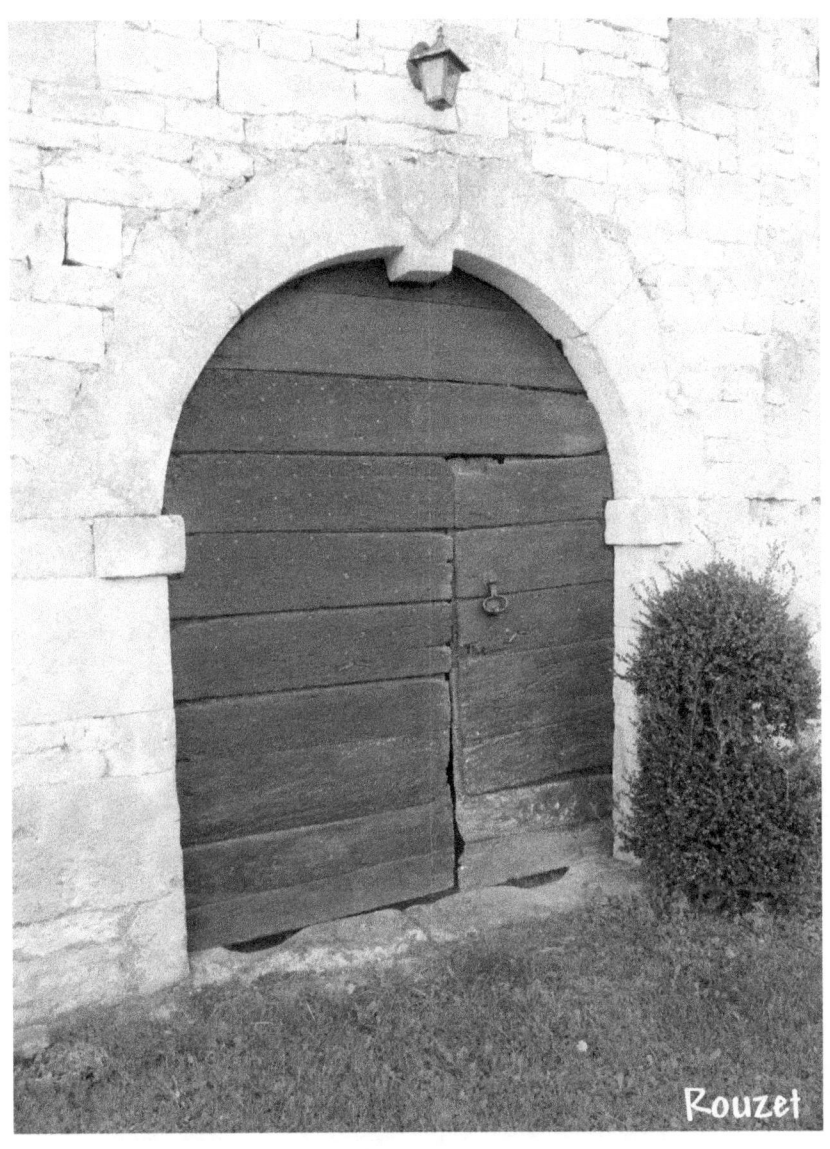

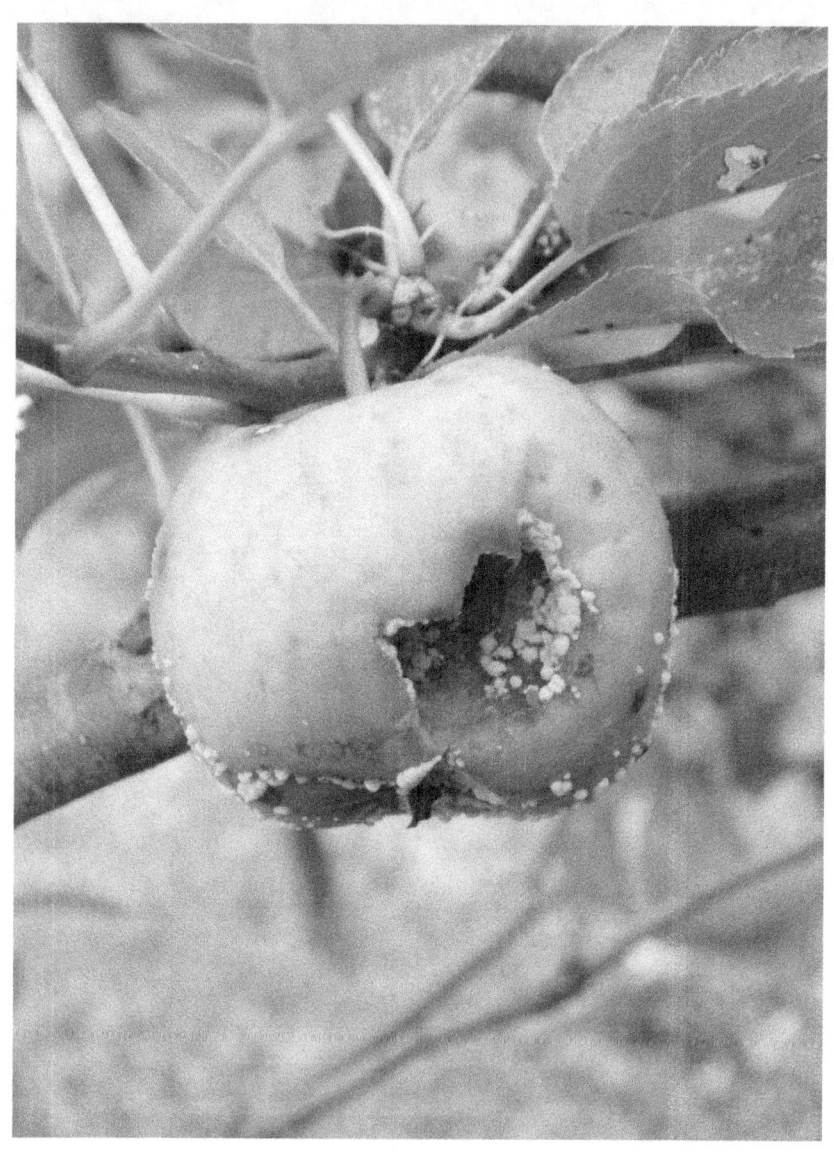

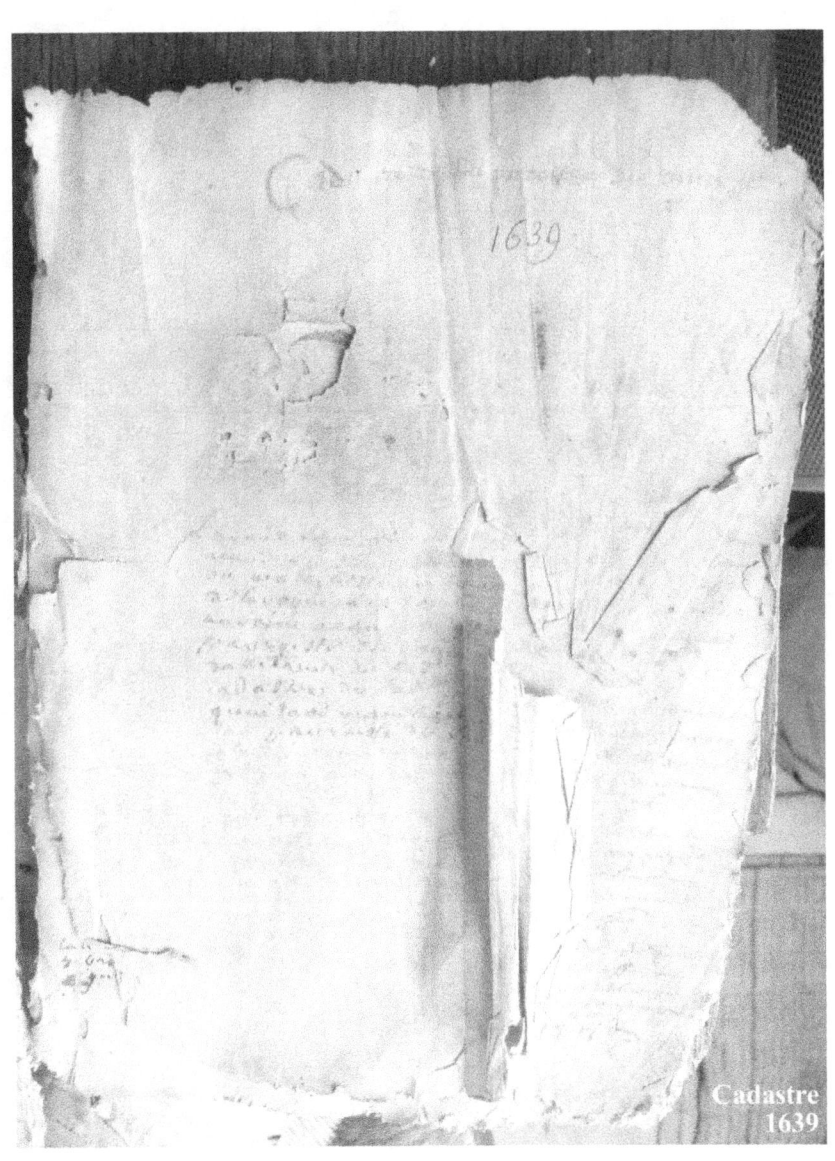

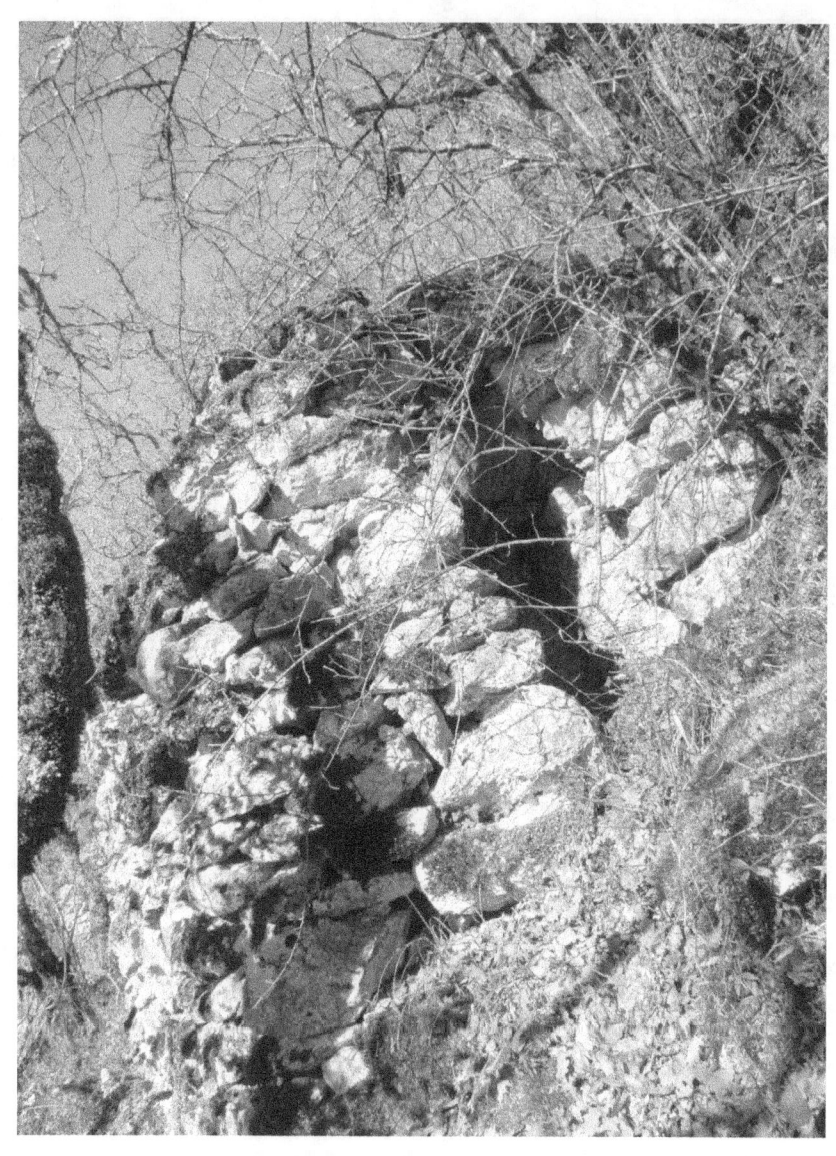

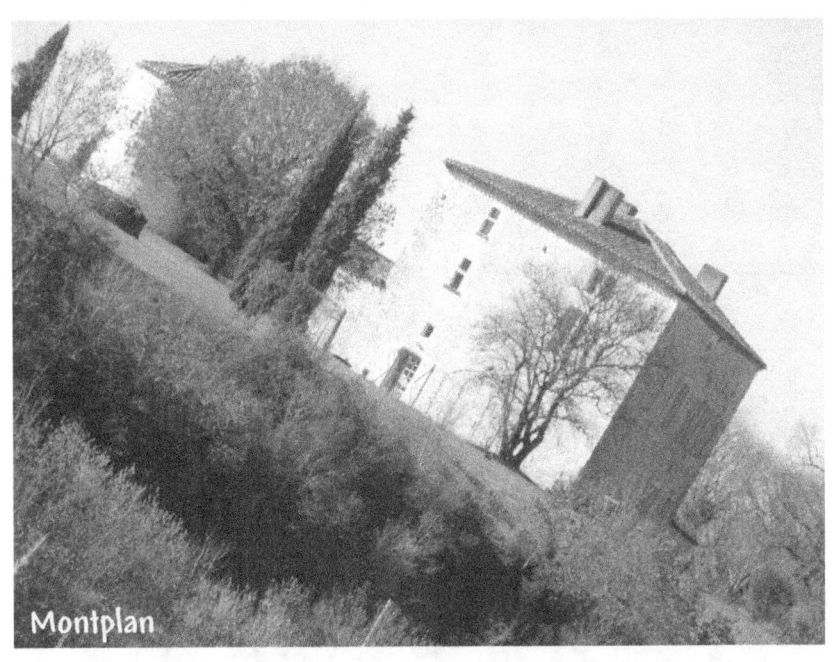

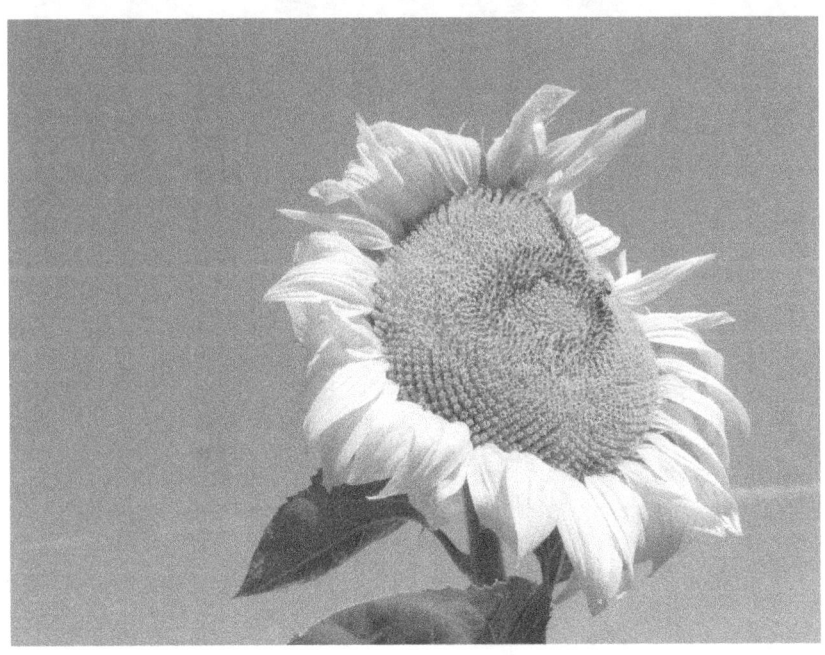

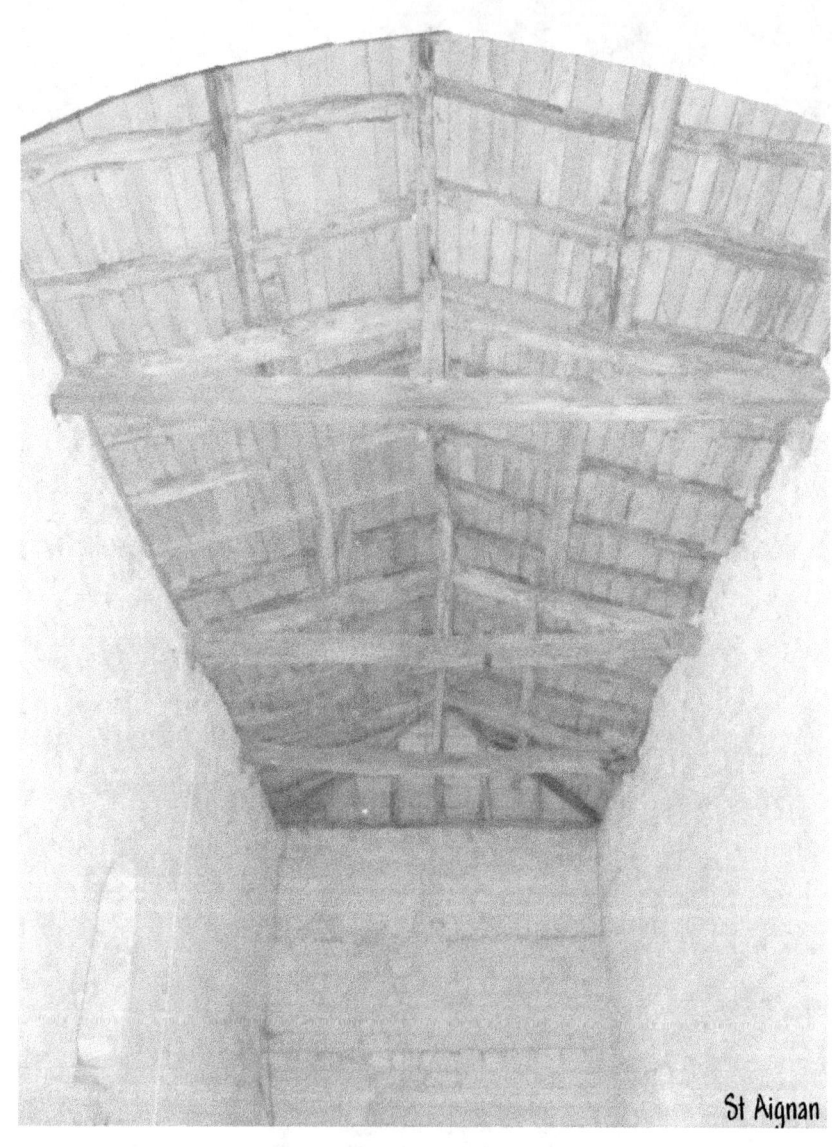

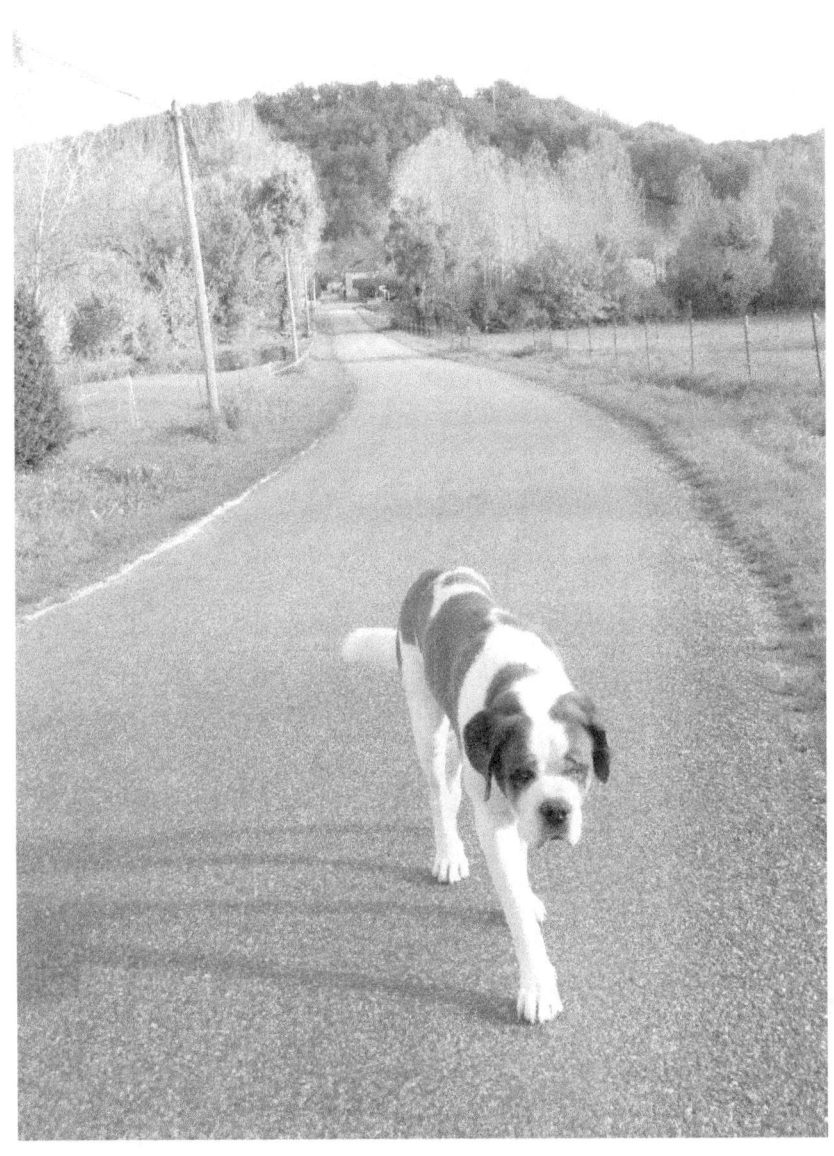

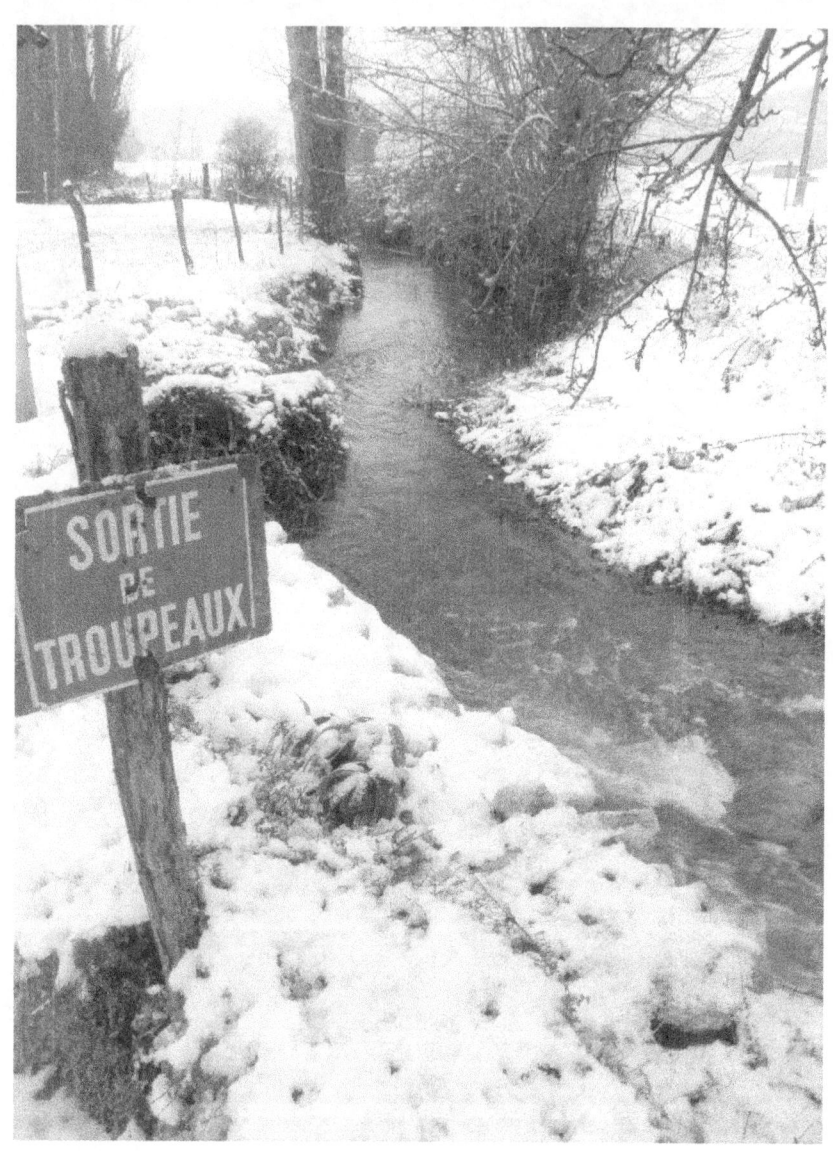

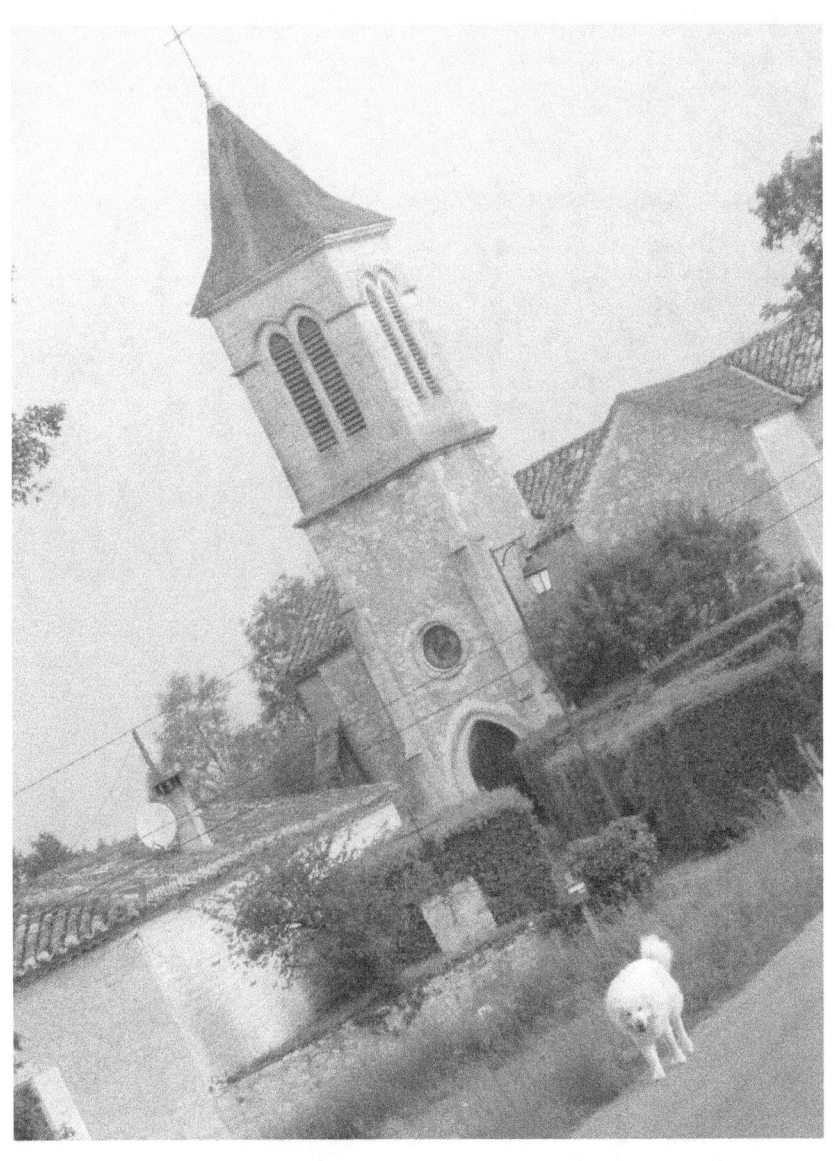

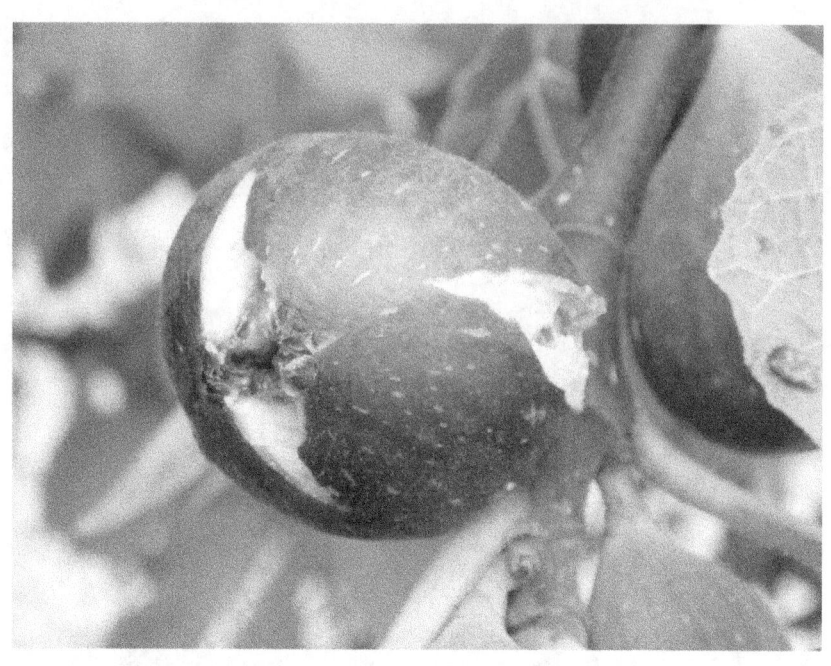

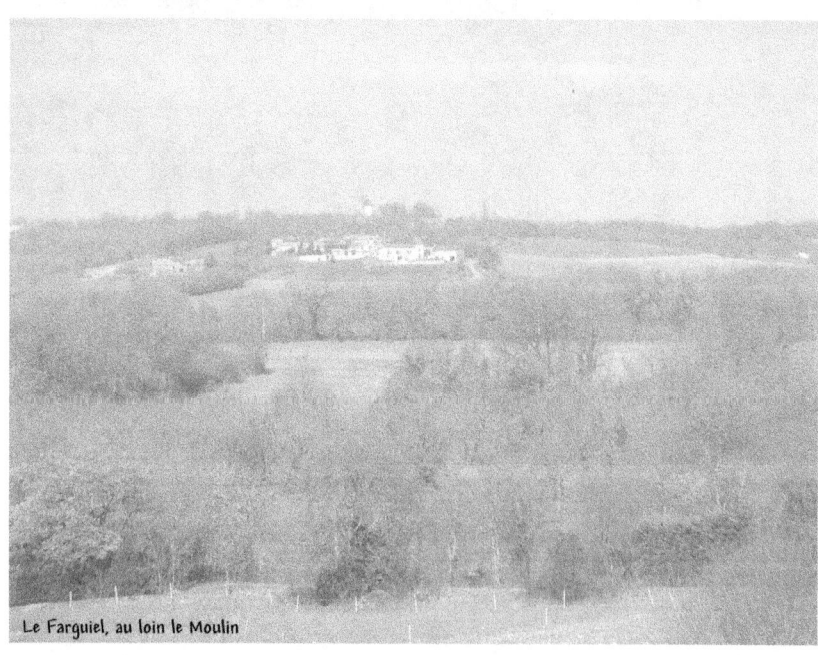
Le Farguiel, au loin le Moulin

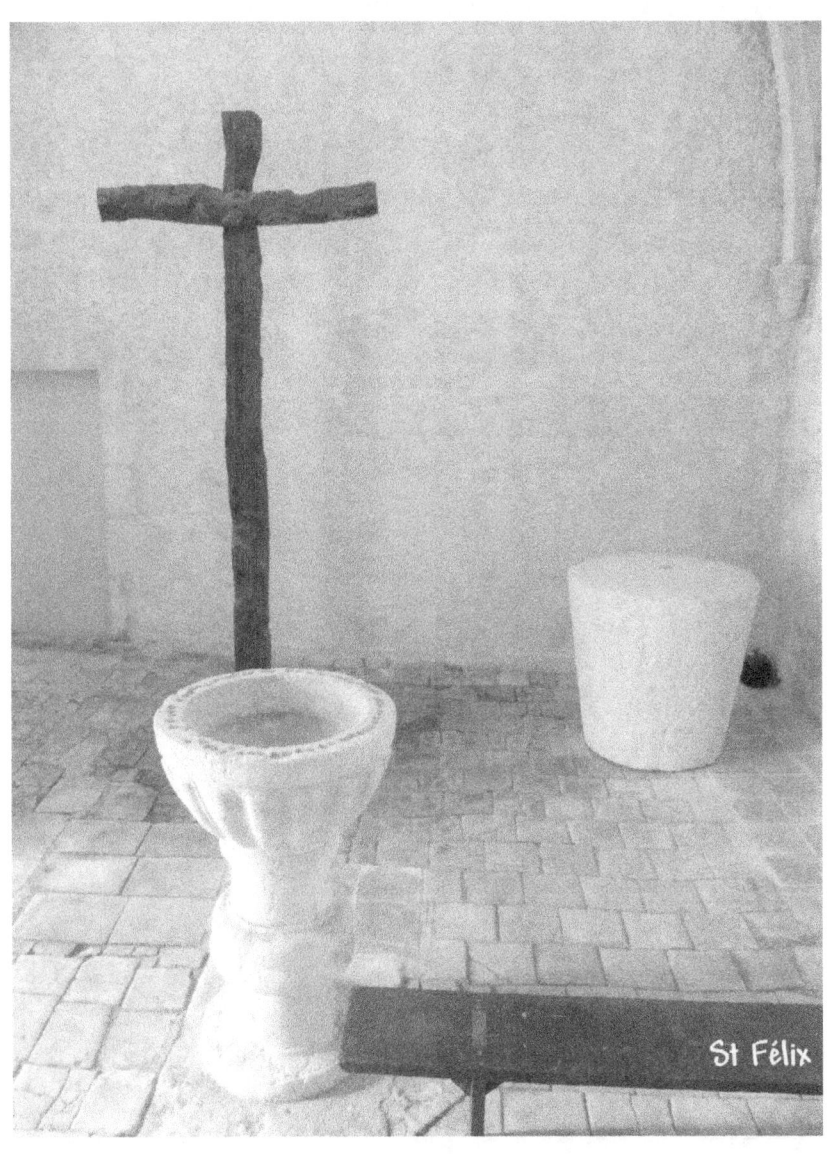

Bourg

L'église Saint-Antoine

Antoine d'Égypte

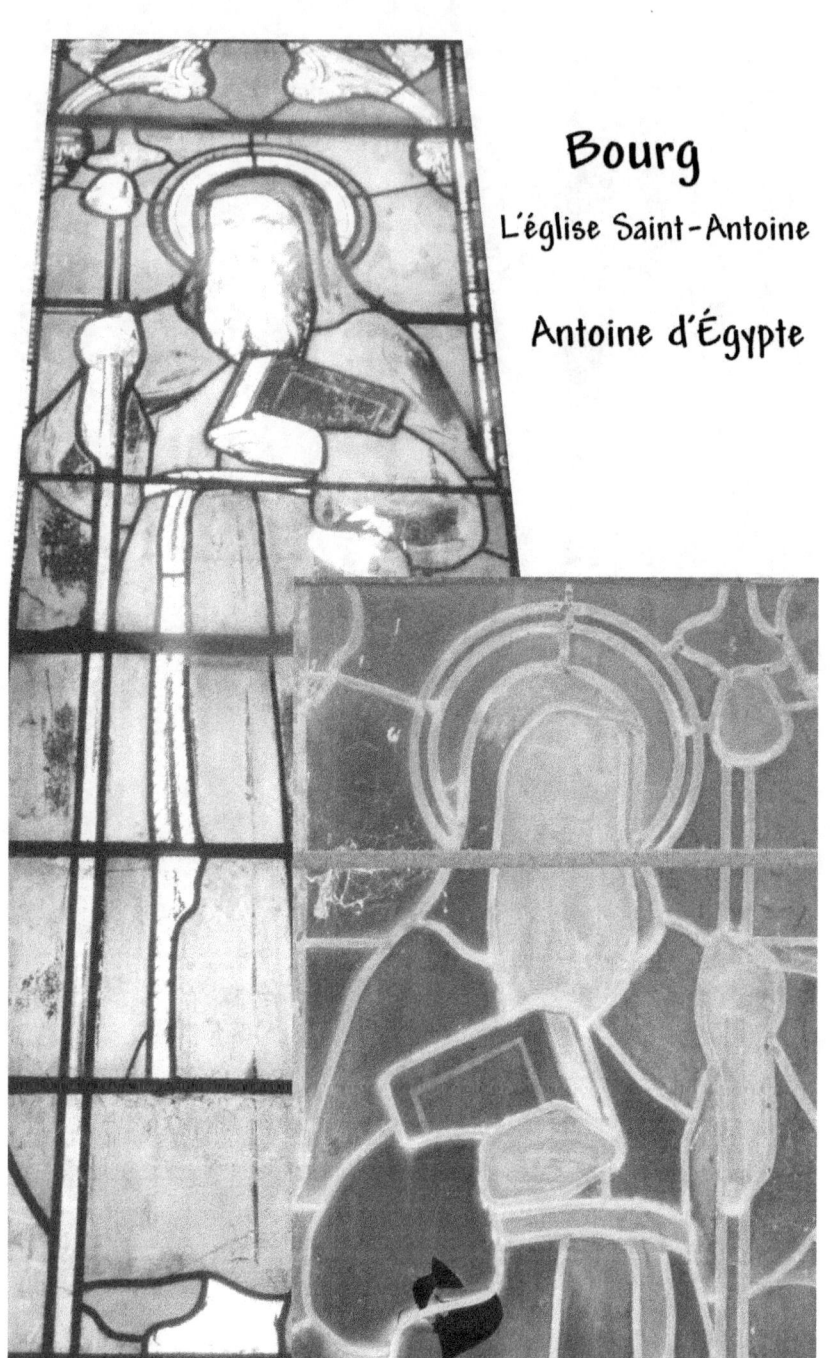

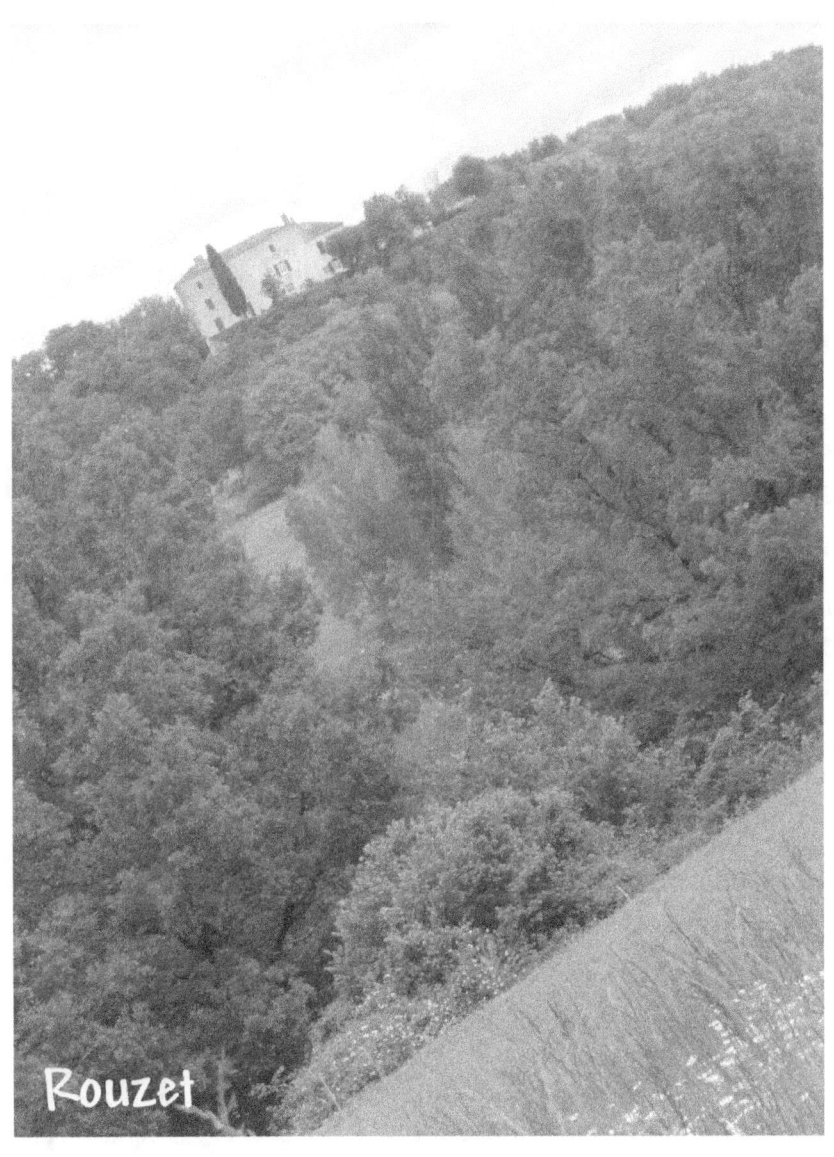

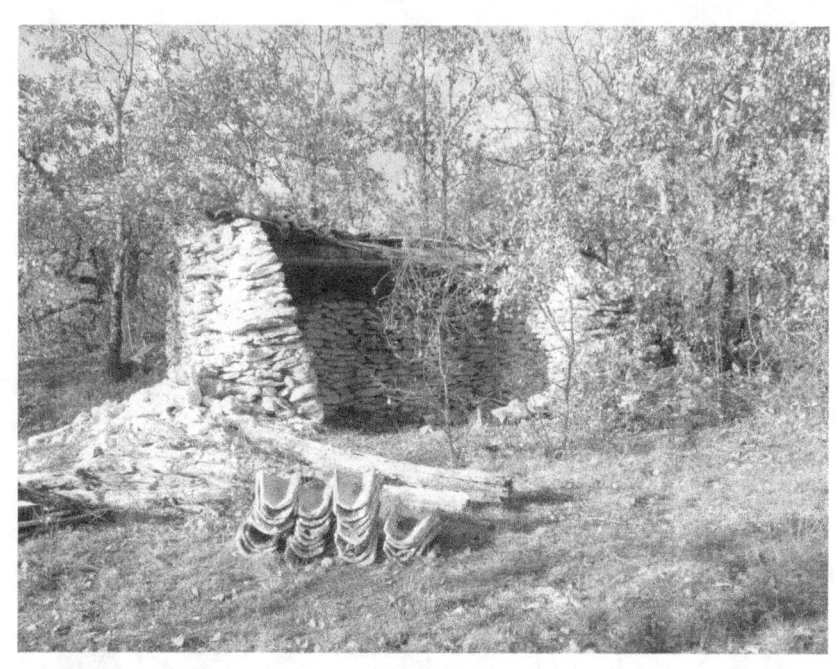
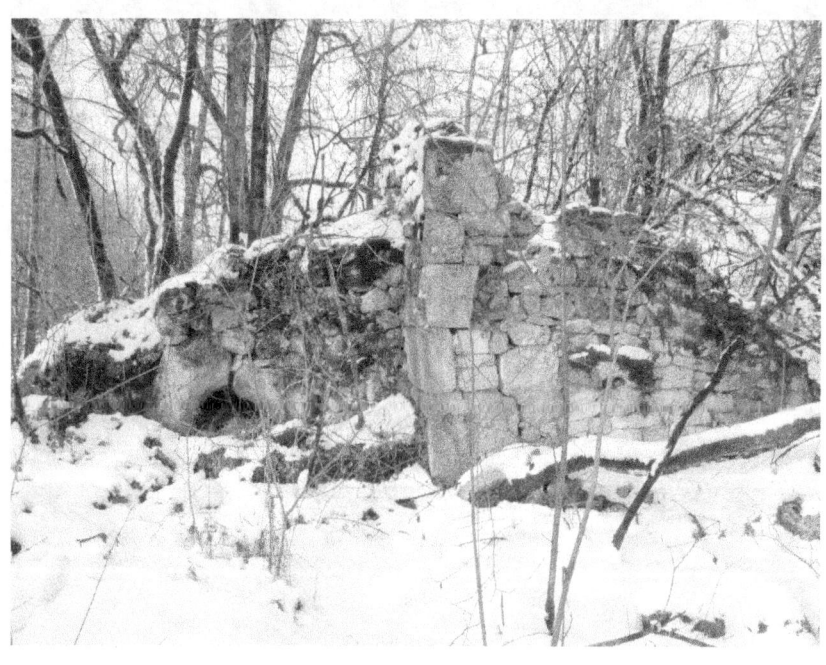

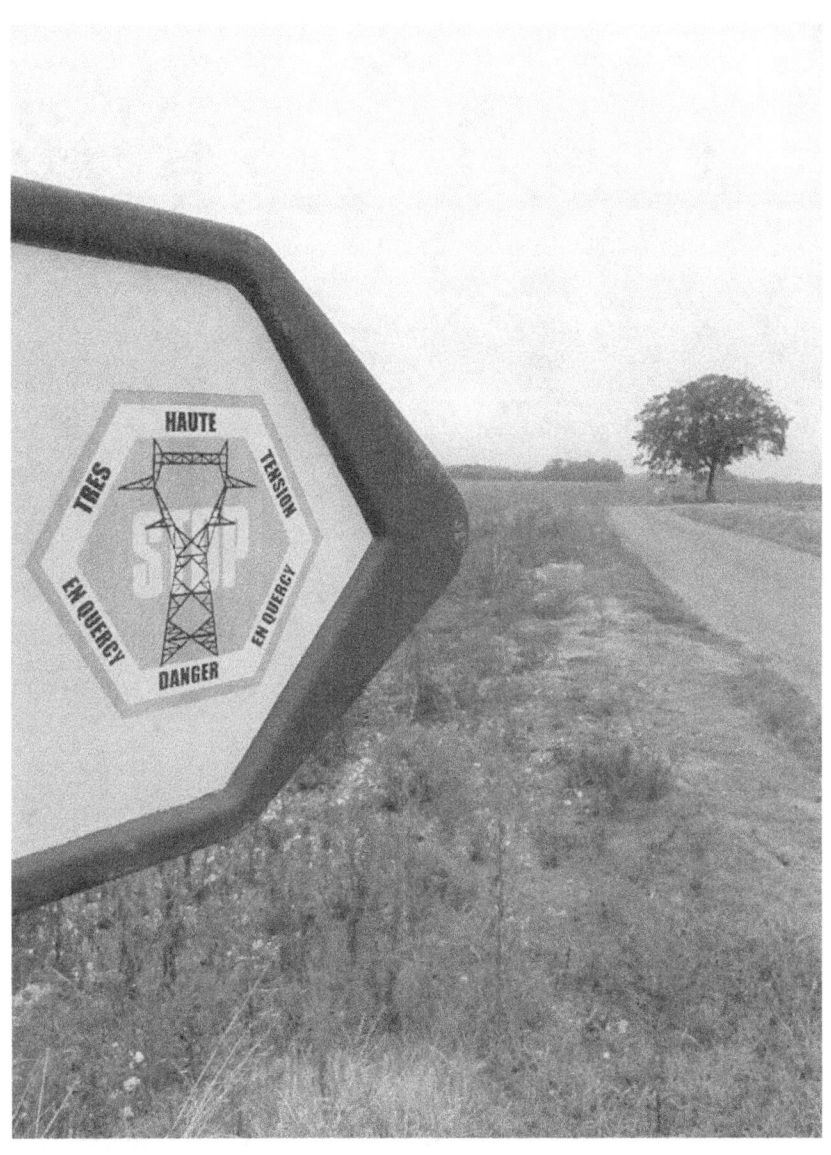

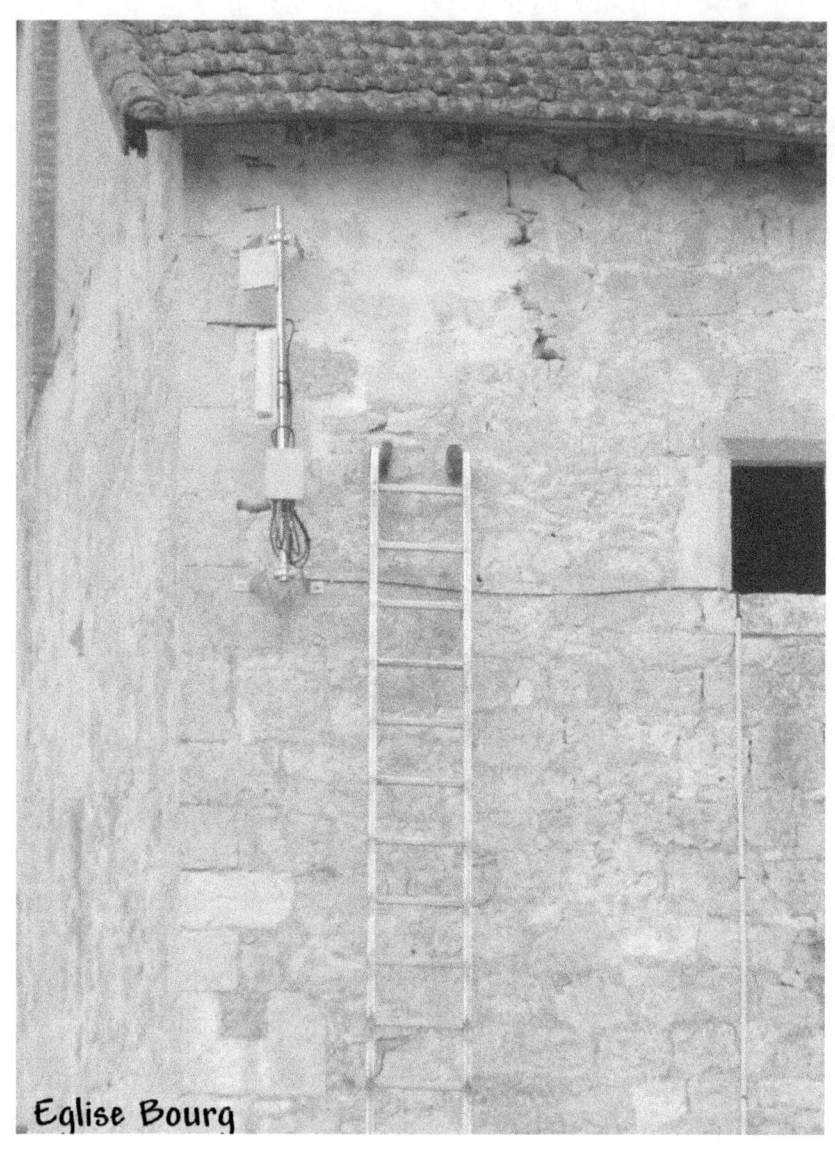

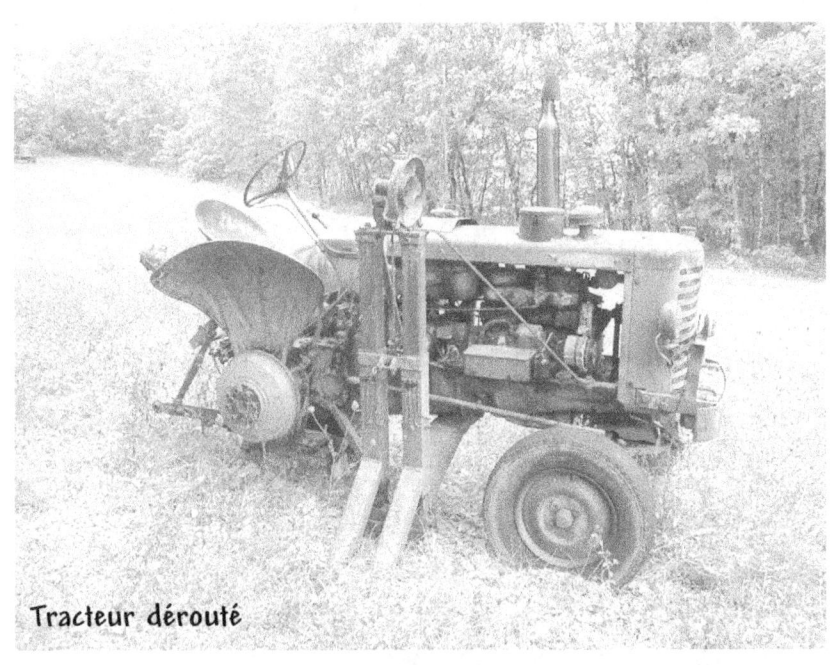

Tracteur dérouté

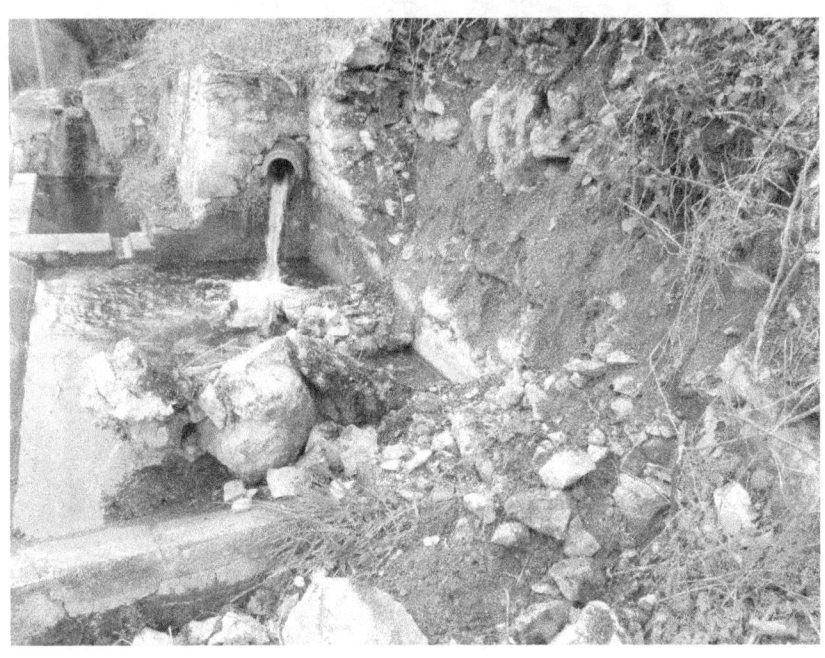

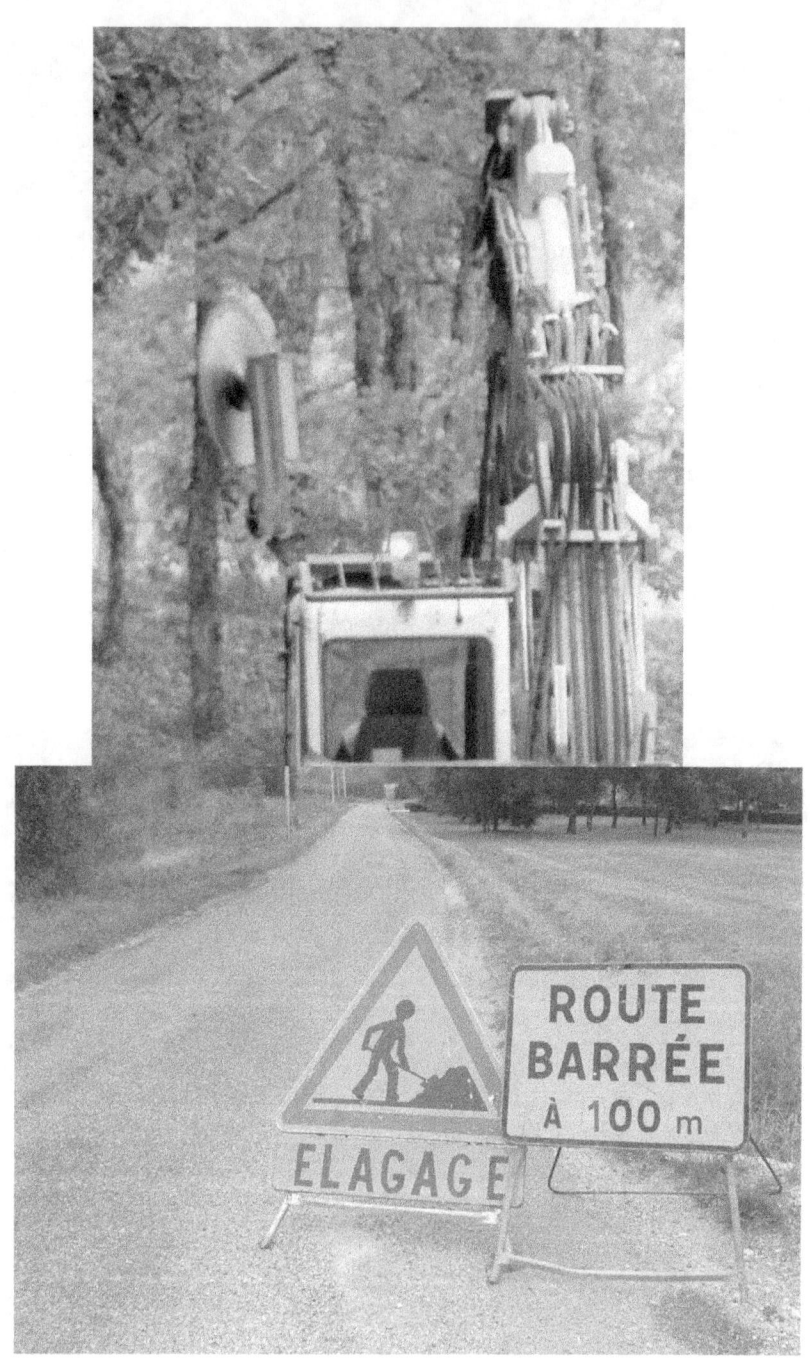

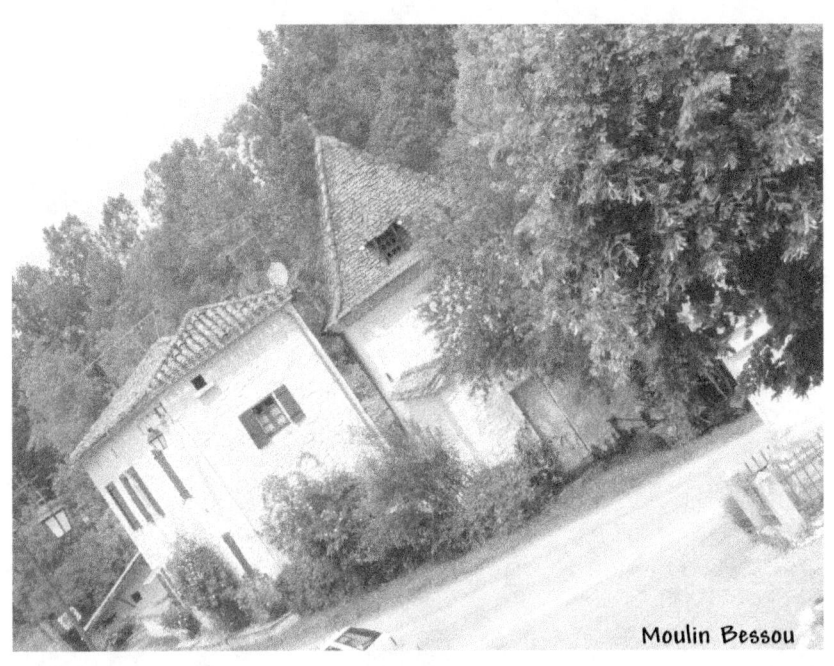

Moulin Bessou

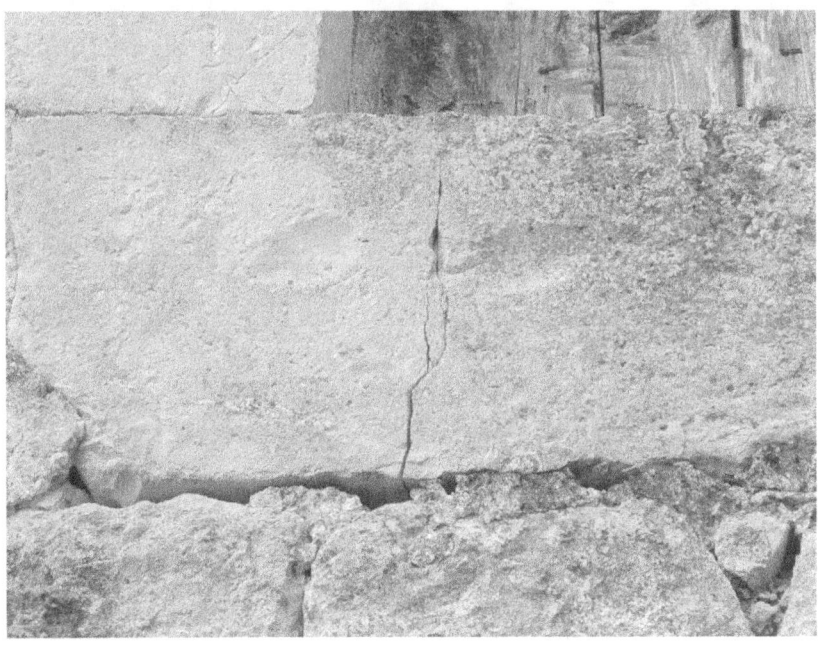

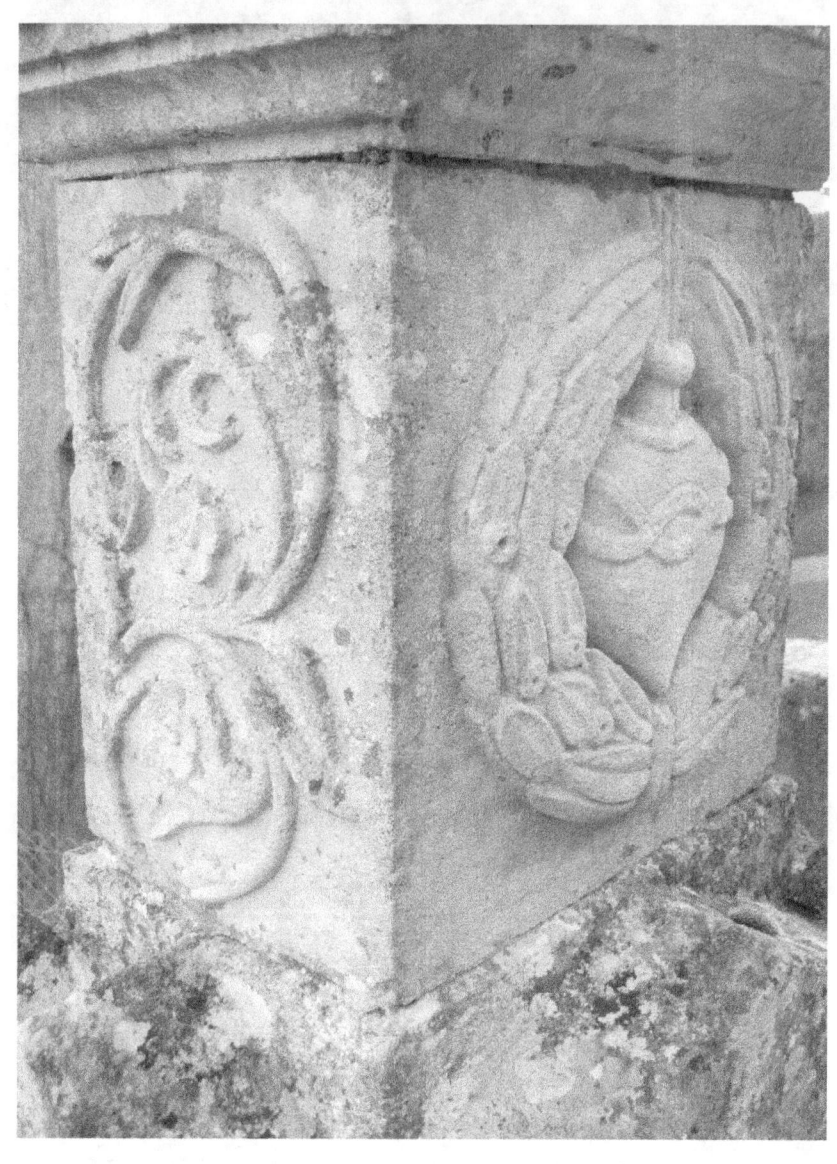

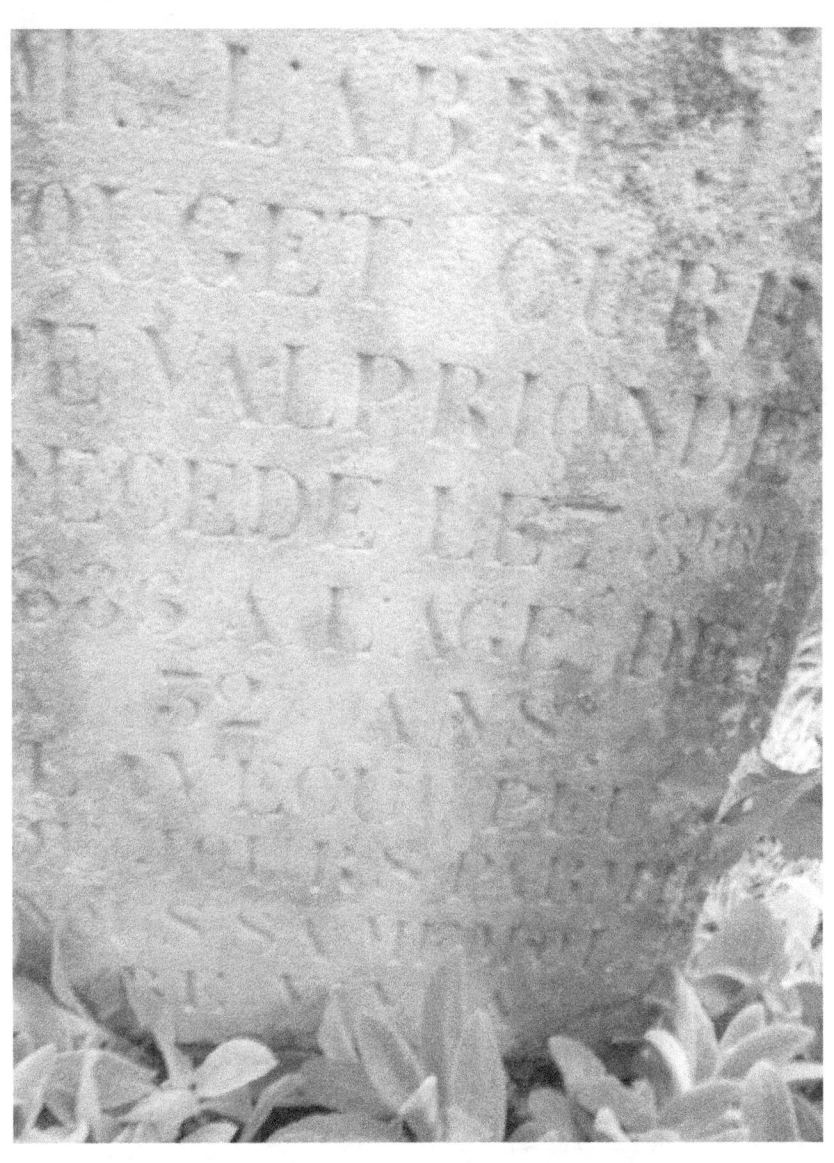

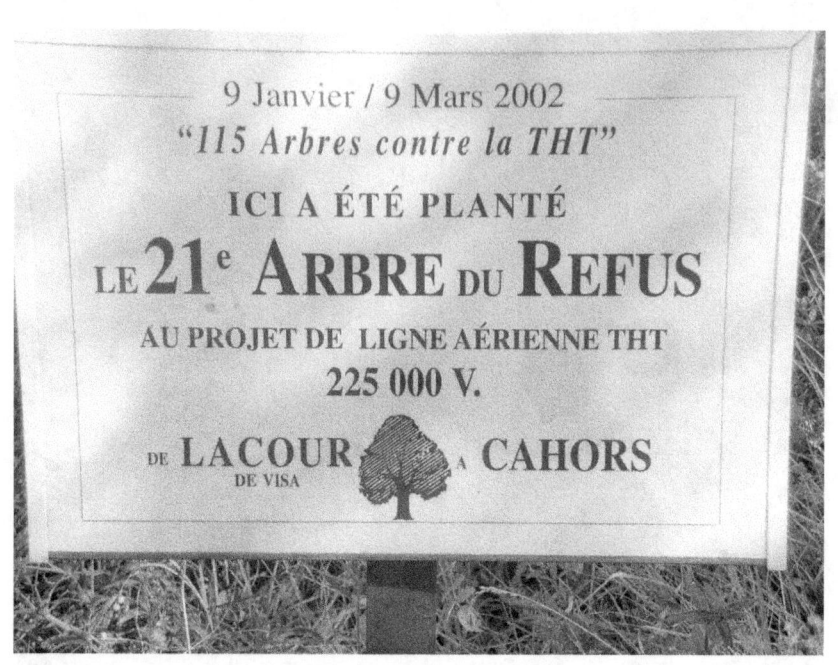

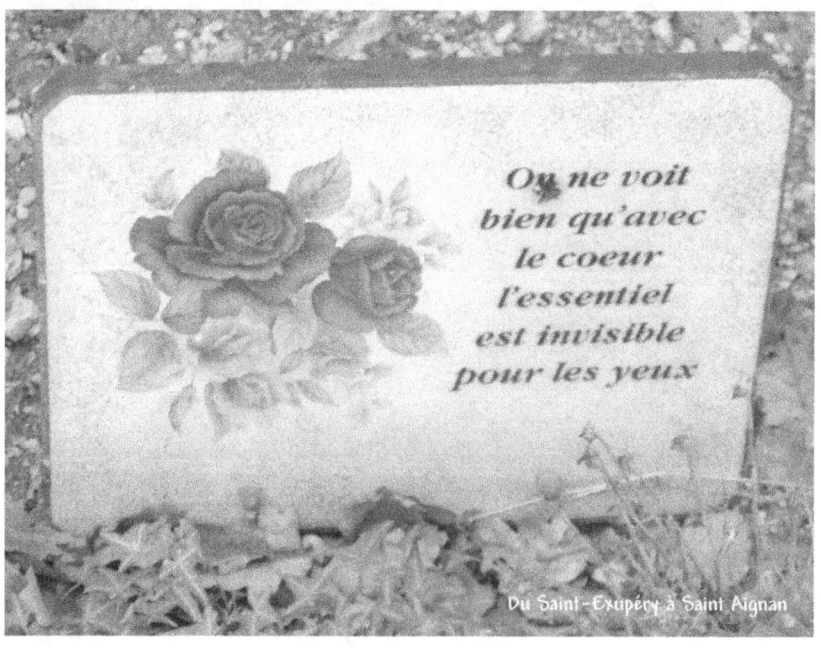

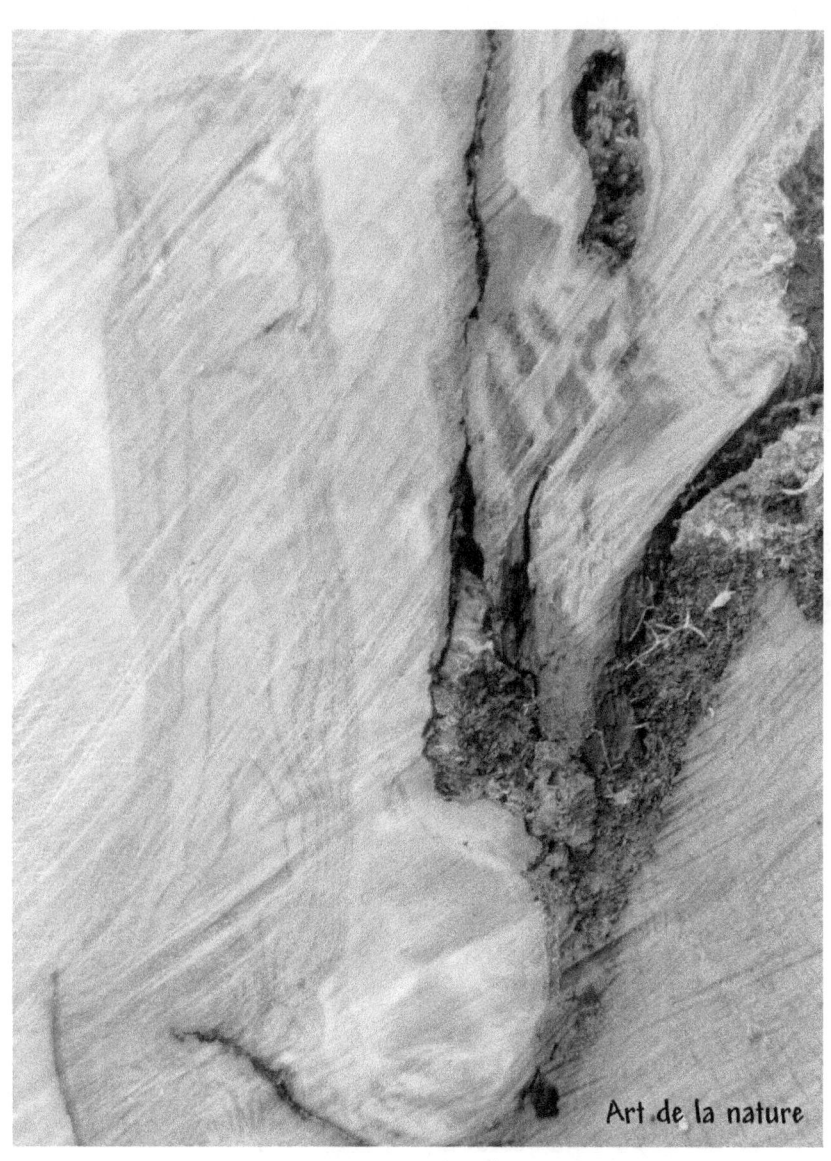

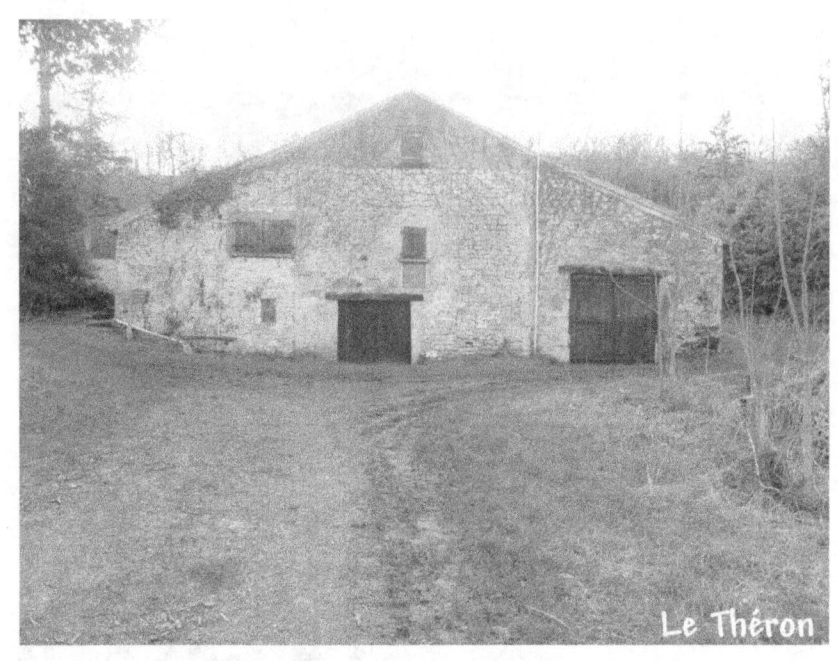

Le Théron

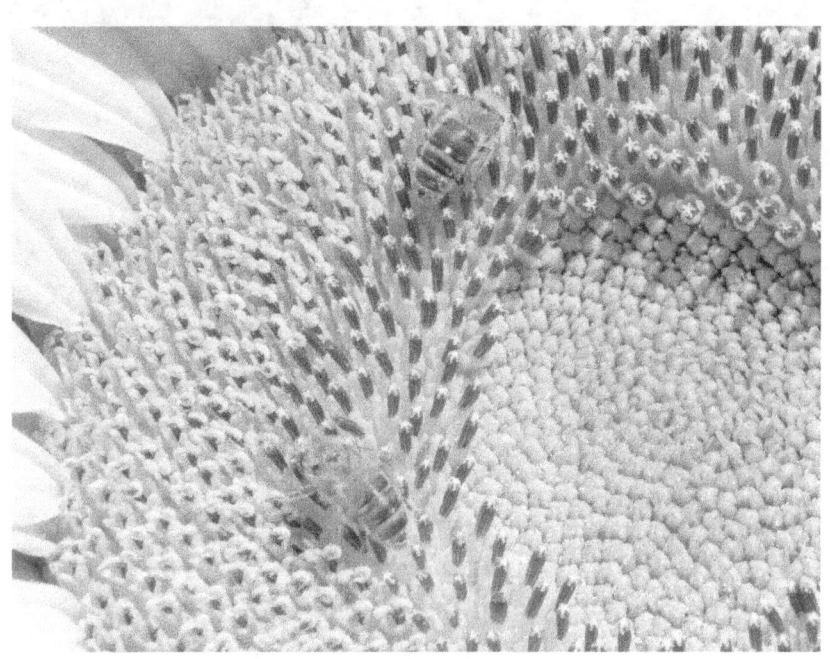

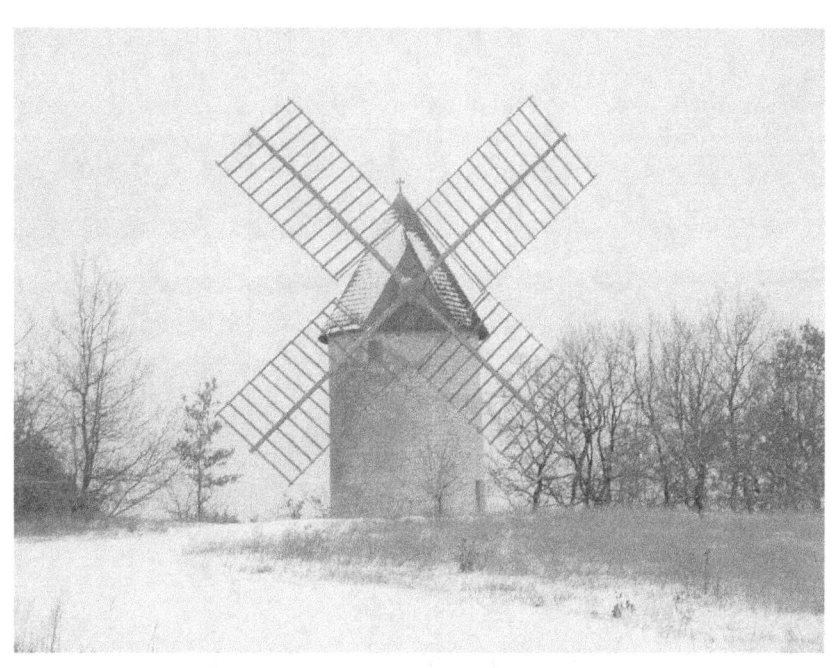

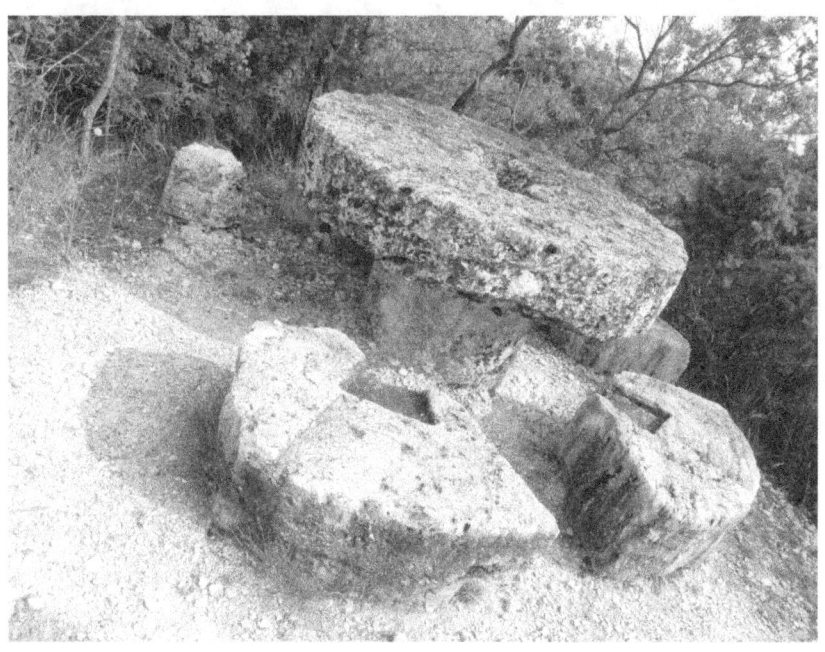

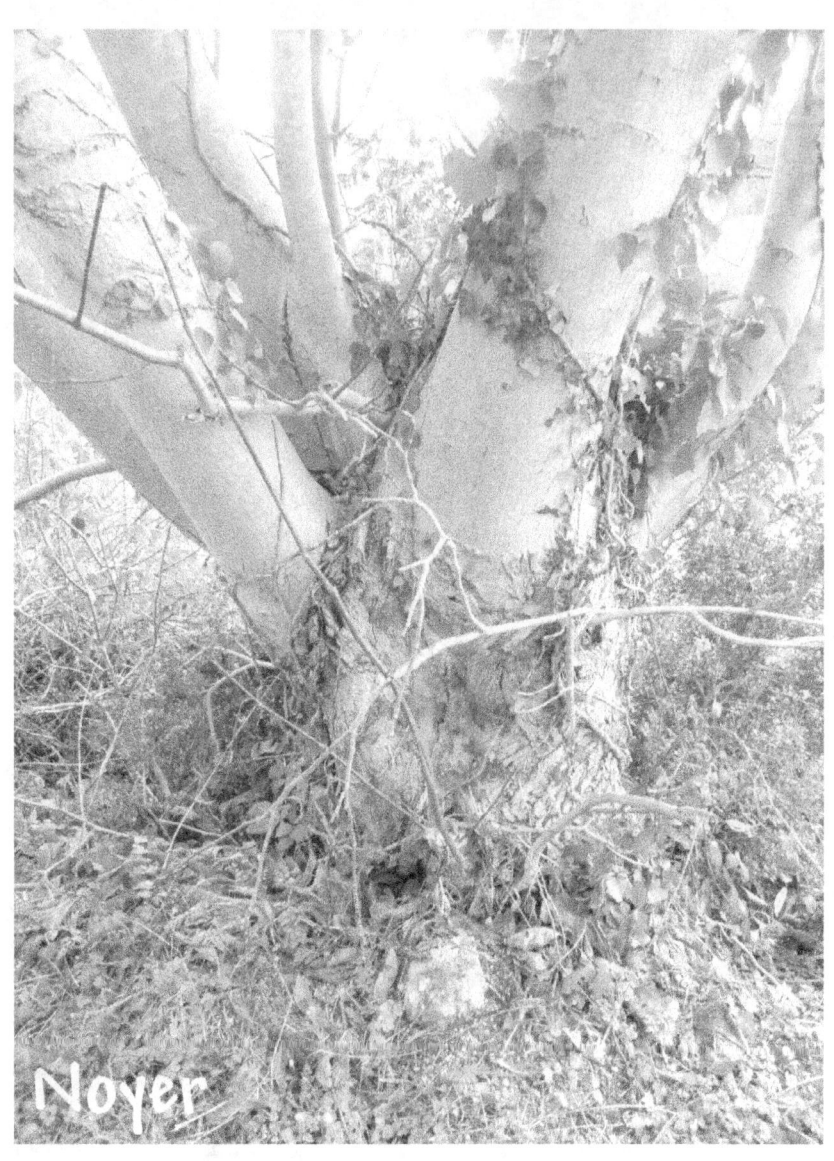

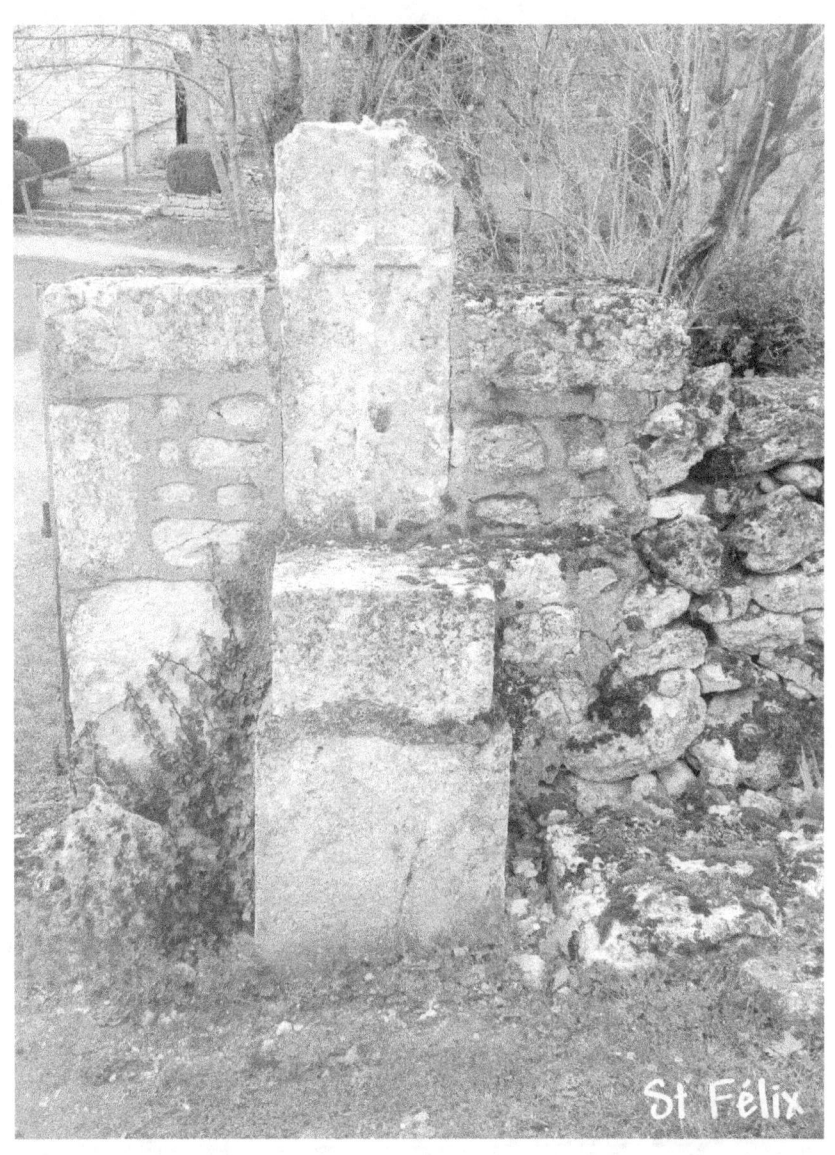

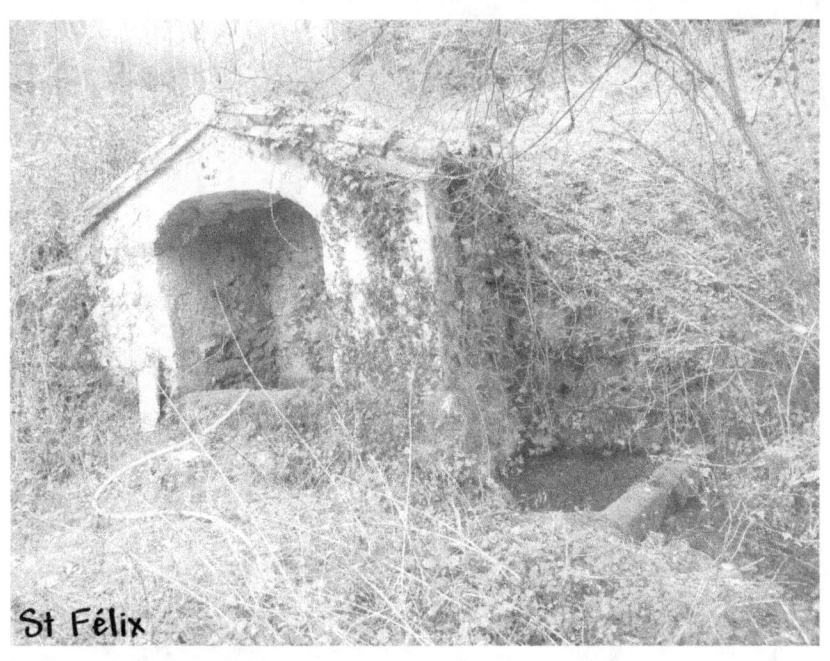

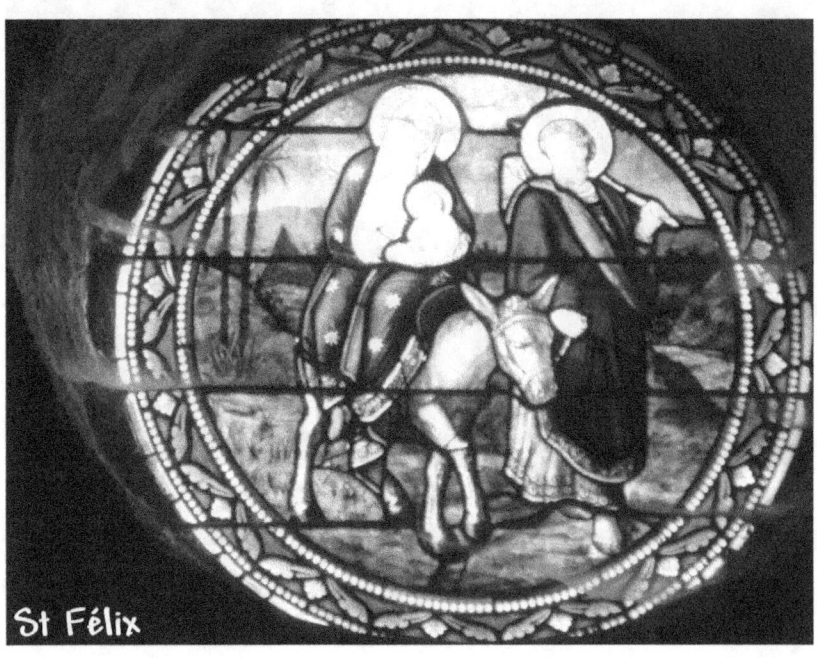

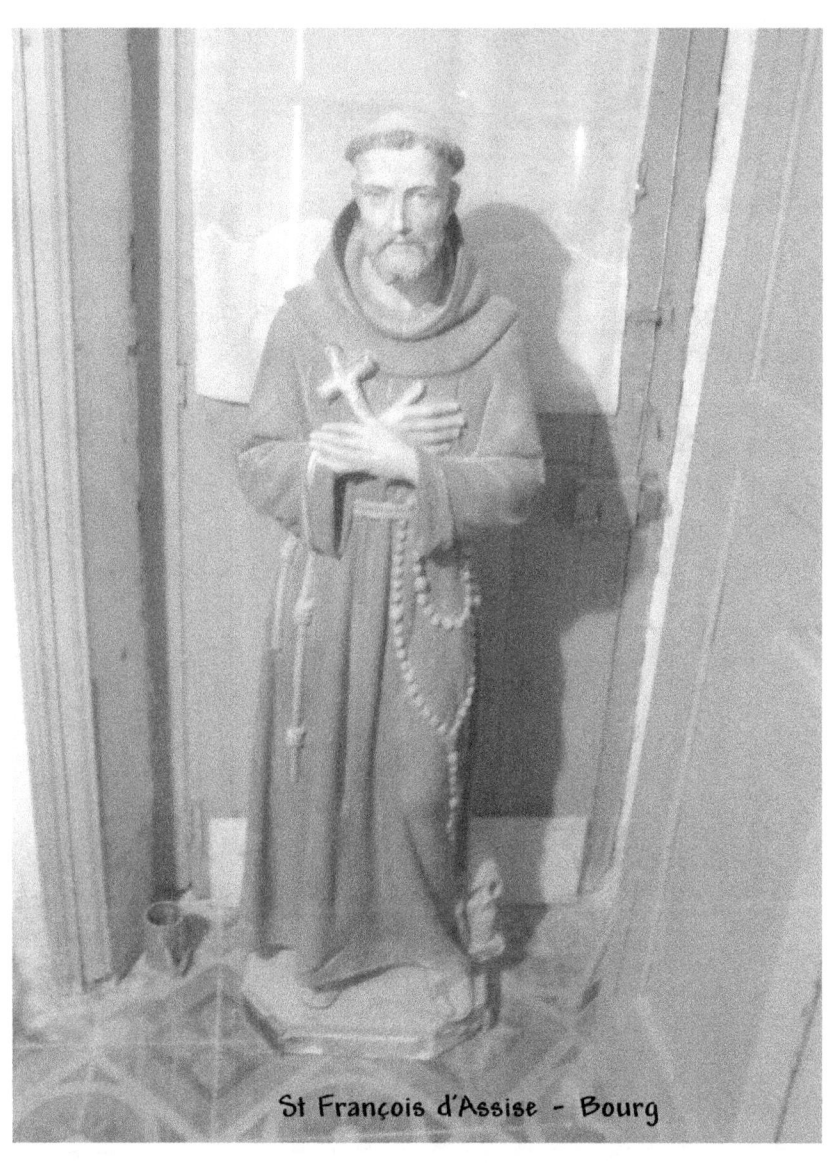
St François d'Assise - Bourg

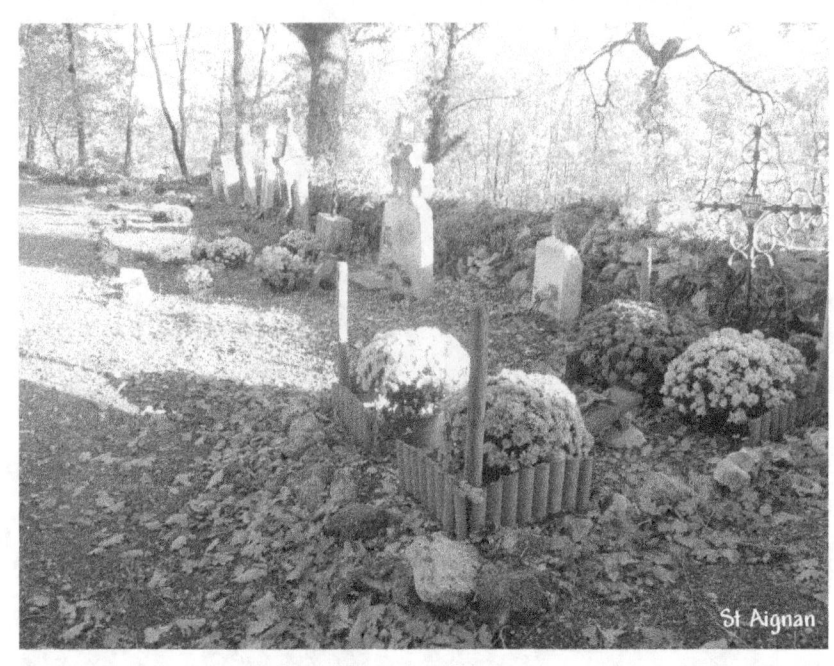

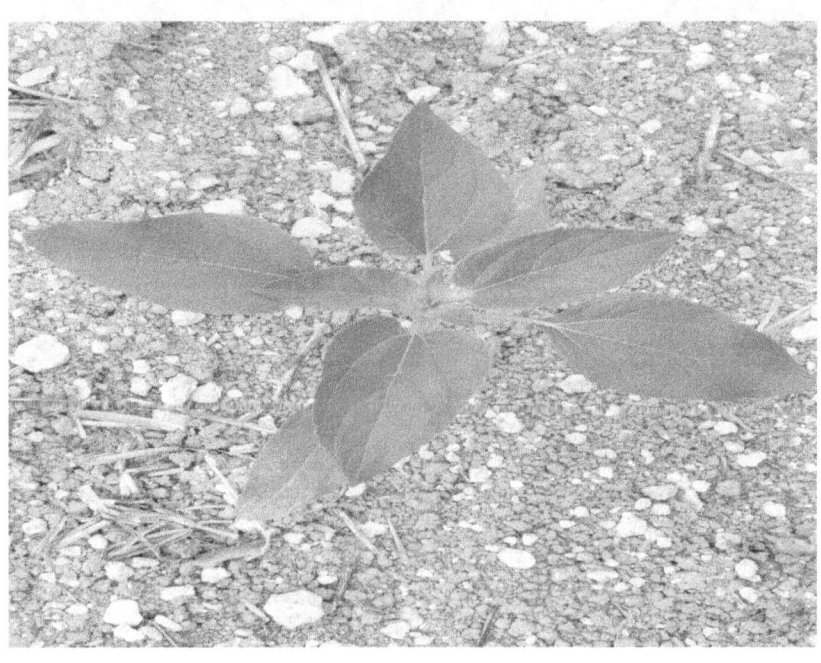

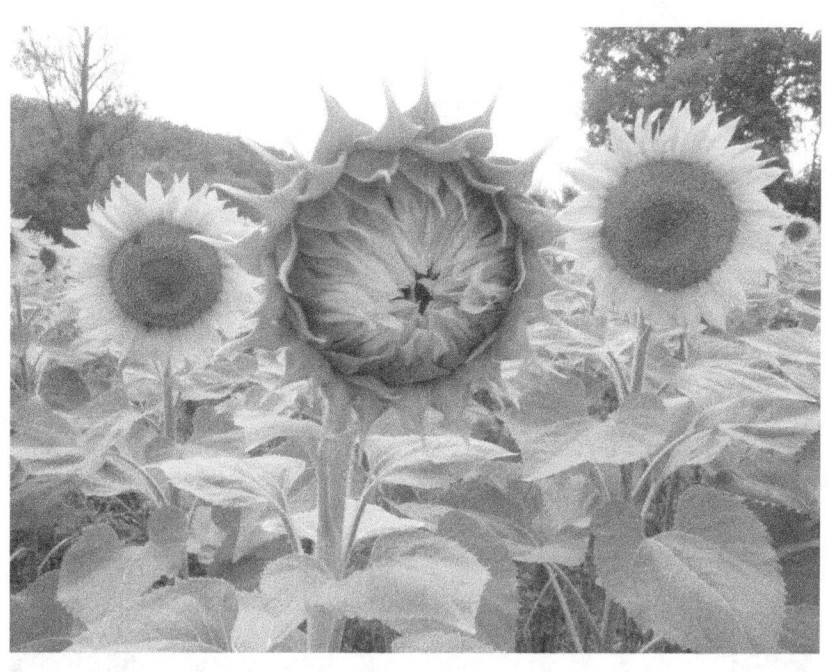

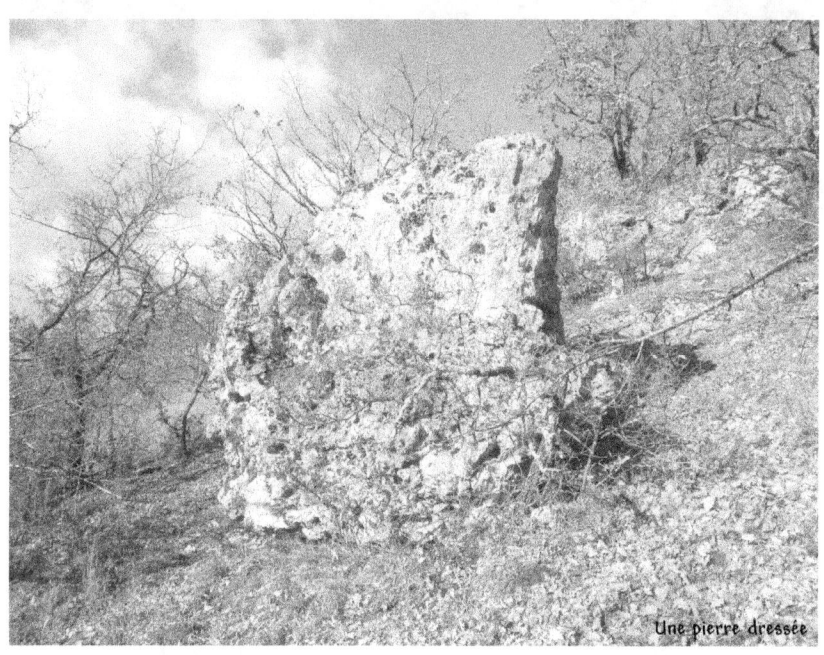
Une pierre dressée

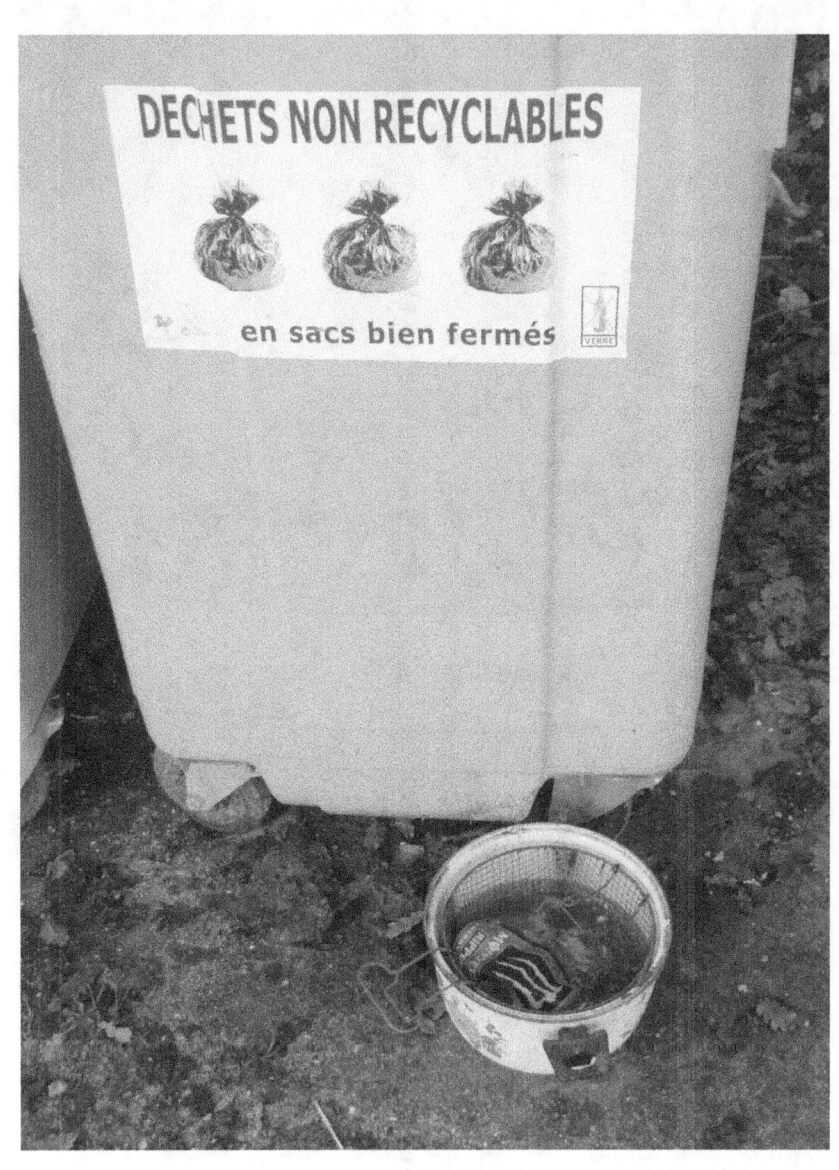

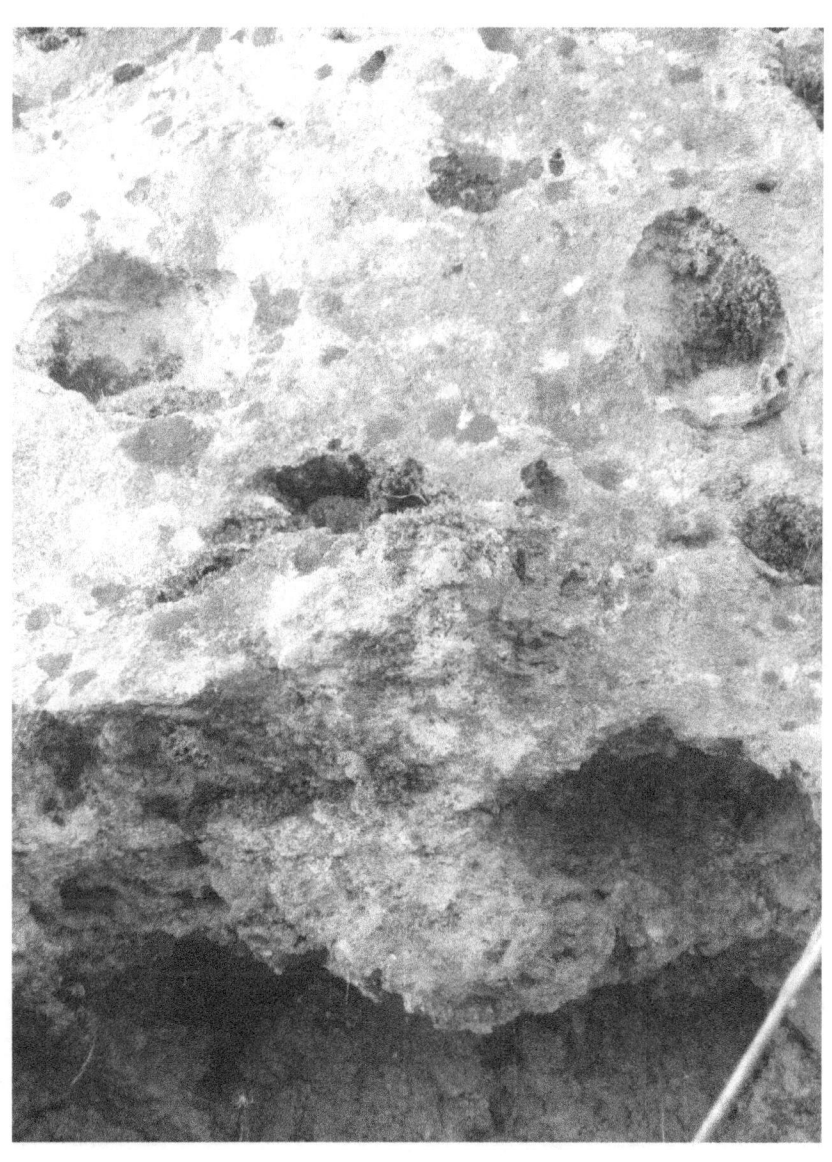

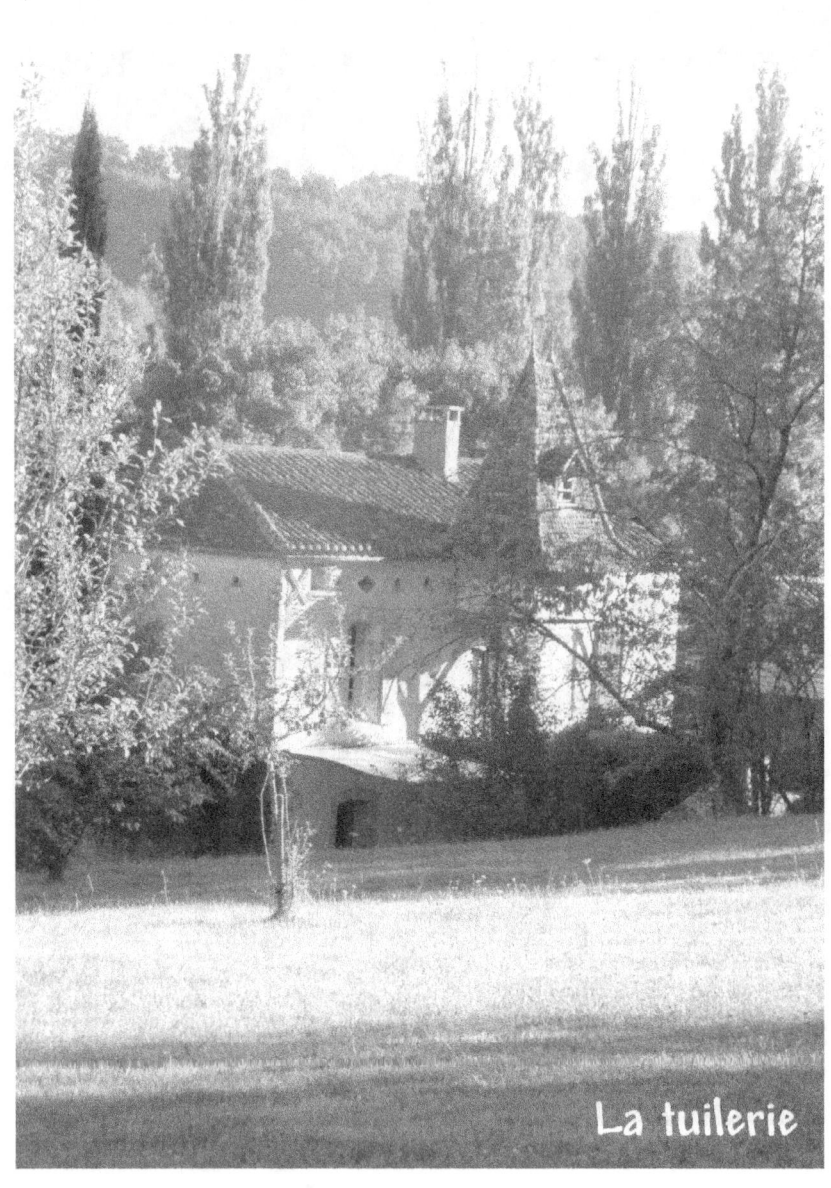

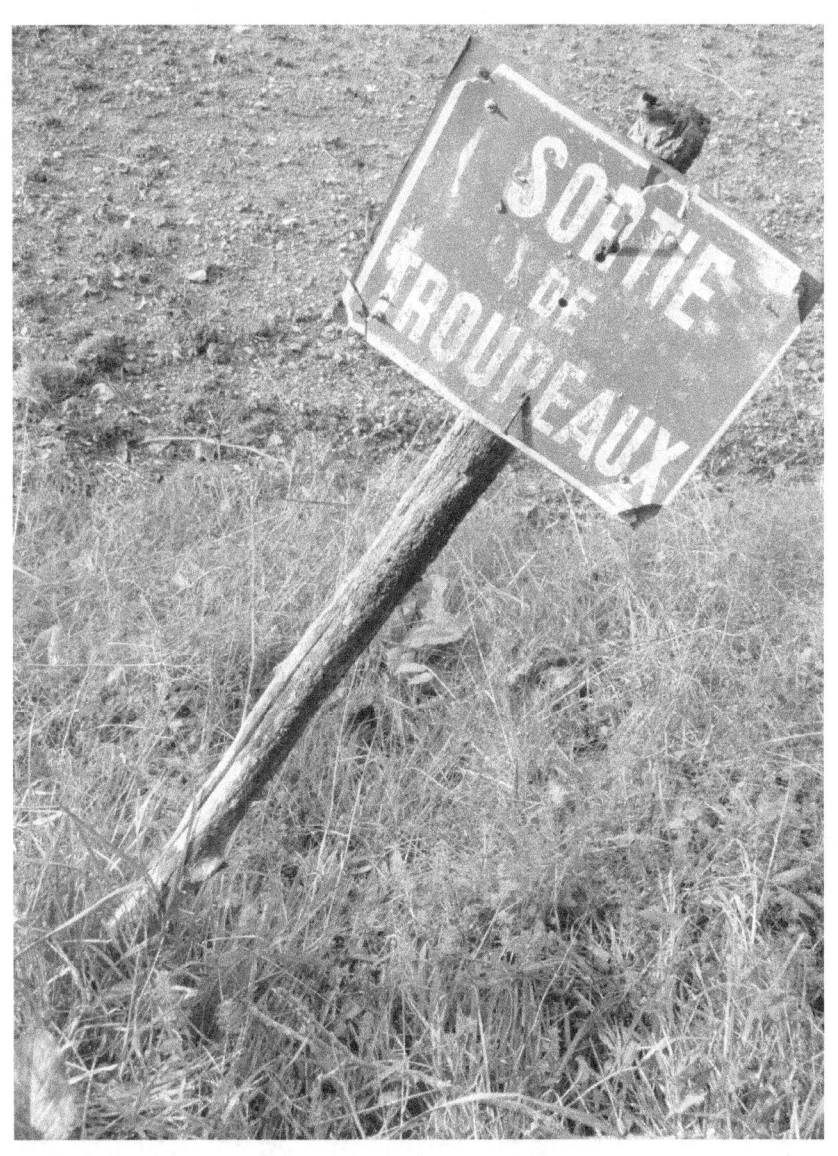

Auteur

Né en 1968, il publie depuis 1991, d'abord sous son nom de naissance puis sous divers pseudonymes, éditeur indépendant depuis son premier livre.

Dès 2004, il a proposé des livres numériques, en PDF. Mais c'est en 2011 seulement que les ventes dématérialisées ont démarré. Son catalogue numérique (depuis mi 2011 distribué par *Immateriel*) a ainsi rapidement dépassé celui du papier, grâce à des essais, des livres de photos... tout en continuant la lente écriture dans les domaines du théâtre et du roman. Depuis octobre 2013, et son « identifiant fiscal aux États-Unis », son catalogue papier tend à rattraper celui en pixels.

Il convient donc de nouveau d'aborder l'auteur sous le biais de l'œuvre. Ainsi, pour vous y retrouver, http://www.ecrivain.pro essaye de fournir une vue globale. Et chaque domaine bénéficie de sites au nom approprié :
http://www.romancier.org
http://www.parolier.org

http://www.essayiste.net

http://www.dramaturge.fr
http://www.lotois.fr

Vous pouvez légitimement vous demander pourquoi un auteur avec un tel catalogue ne bénéficie d'aucune visibilité dans les médias traditionnels. L'écriture est une chose, se faire des amis utiles une autre !

Catalogue

Romans : (http://www.romancier.org)
Le Roman de la révolution numérique également sous le titre *Un Amour béton*
Ils ne sont pas intervenus (le livre des conséquences) également sous le titre *Peut-être un roman autobiographique*
La Faute à Souchon ? également sous le titre *Le roman du show-biz et de la sagesse (Même les dolmens se brisent)*
Liberté, j'ignorais tant de Toi également sous le titre *Libertés d'avant l'an 2000*
Viré, viré, viré, même viré du Rmi
Quand les familles sans toit sont entrées dans les maisons fermées

Edition (http://www.auto-edition.com)
Le guide de l'auto-édition, papier et numérique
Le manifeste de l'auto-édition - Manifeste politico-littéraire pour la reconnaissance des écrivains indépendants et une saine concurrence entre les différentes formes d'édition
Écrivains, réveillez-vous ! - La loi 2012-287 du 1er mars 2012 et autres somnifères
Le livre numérique, fils de l'auto-édition
Réponses à monsieur Frédéric Beigbeder au sujet du Livre Numérique (Écrivains= moutons tondus ?)
Comment devenir écrivain ? Être écrivain ? (Écrire est-ce un vrai métier ? Une vocation ? Quelle formation ?...)
Copie privée, droit de prêt en bibliothèque : vous payez, nous ne touchons pas un centime - Quand la France organise la marginalisation des écrivains indépendants
Alertez Jack-Alain Léger !

Théâtre : (http://www.dramaturge.fr)
La baguette magique et les philosophes
Neuf femmes et la star
Avant les élections présidentielles
Les secrets de maître Pierre, notaire de campagne
Deux sœurs et un contrôle fiscal
Ça magouille aux assurances
Pourquoi est-il venu ?
Amour, sud et chansons
Blaise Pascal serait webmaster
Aventures d'écrivains régionaux
Trois femmes et un amour
Chanteur, écrivain : même cirque
« Révélations » sur « les apparitions d'Astaffort » Brel / Cabrel (les secrets de la grotte Mariette)
J'avais 25 ans

Pour troupes d'enfants :
Les filles en profitent
Révélations sur la disparition du père Noël
Le lion l'autruche et le renard
Mertilou prépare l'été
Nous n'irons plus au restaurant

Recueils :
Théâtre peut-être complet
La fille aux 200 doudous et autres pièces de théâtre pour enfants
Théâtre pour femmes

Chansons : (http://www.parolier.info)
Chansons trop éloignées des normes industrielles
Chansons vertes et autres textes engagés
Parodies de chansons - De Renaud à Cabrel En passant par Cloclo et Jacques Brel
Chansons d'avant l'an 2000
Vivre Autrement (après les ruines), l'album invisible...

Photos : (http://www.france.wf)
Cahors, 42 inscriptions aux Monuments Historiques
La disparition d'un canton : Montcuq
Montcuq, le village lotois
Cahors, des pierres et des hommes. Photos et commentaires
Limogne-en-Quercy Calvignac la route des dolmens et gariottes
Saint-Cirq-Lapopie, le plus beau village de France ?
Saillac village du Lot
Limogne-en-Quercy cinq monuments historiques cinq dolmens
Beauregard, Dolmens Gariottes Château de Marsa et autres merveilles lotoises
Villeneuve-sur-Lot, des monuments historiques, un salon du livre... -Photos, histoires et opinions
Henri Martin du musée Henri-Martin de Cahors - Avec visite de Labastide-du-Vert et Saint-Cirq-Lapopie sur les traces du peintre
L'église romane de Rouillac à Montcuq et sa voisine oubliée, à découvrir - Les fresques de Rouillac, Touffailles et Saint-Félix
Cajarc selon Ternoise

Livres d'artiste (http://www.quercy.pro)
Quercy : l'harmonie du hasard
Lot, livre d'art
Montcuq, livre d'art
Quercy Blanc, livre d'art
Montaigu de Quercy, livre d'art
Quercy : l'harmonie du hasard
La beauté des éoliennes
Golfech, c'est beau un village prospère à l'ombre d'une centrale nucléaire
Jésus, du Quercy

Essais (http://www.essayiste.net)
Ya basta Aurélie Filippetti !
Amour - état du sentiment et perspectives
Contrairement à Gérard Depardieu, dois-je quitter la France ?
Cahors, municipales 2014 : un enjeu départemental majeur
Quand Martin Malvy publie un livre : questions de déontologie

Politique : (http://www.commentaire.info)
Ce François Hollande qui peut encore gagner le 6 mai 2012 ne le mérite pas (Un Parti Socialiste non réformé au pays du quinquennat déplorable de Nicolas Sarkozy)
Nicolas Sarkozy : sketchs et Parodies de chansons
Bernadette et Jacques Chirac vus du Lot - Chansons théâtre textes lotois
Affaire Ségolène Royal - Olivier Falorni Ce qu'il faut en retenir pour l'Histoire - Un écrivain engagé, un observateur indépendant
François Fillon, persuadé qu'il aurait battu François Hollande en 2012, qu'il le battra en 2017

Notre vie (http://www.morts.info)
La trahison des morts : les concessions à perpétuité discrètement récupérées - Cahors, à l'ombre des remparts médiévaux, les vieux morts doivent laisser la place aux jeunes...
Cahors : Adèle et Marie Borie contre Jean-Marc Vayssouze-Faure - Appel à une mobilisation locale et nationale pour sauver les soeurs Borie...

Jeux de société
http://www.lejeudespistescyclables.com
La France des pistes cyclables - Fabriquer un jeu de société pour enfants de 8 à 108 ans
Le bon chemin pour Saint-Jacques-de-Compostelle

Divers :
La disparition du père Noël et autres contes
J'écris aussi des sketchs
Vive les poules municipales... et les poulets municipaux
- Réduire le volume des déchets alimentaires et manger des oeufs de qualité
Le Martyr et Saint du 11 septembre : Jean-Gabriel Perboyre

En chti : (http://www.chti.es)
Canchons et cafougnettes (Ternoise chti)
Elle tiote aux deux chints doudous (théâtre)

Œuvres traduites (http://www.traducteurs.net)
La fille aux 200 doudous :
- *The Teddy (Bear) Whisperer* (Kate-Marie Glover)
- Das Mädchen mit den 200 Schmusetieren (Jeanne Meurtin)

- Le lion l'autruche et le renard :
- How the fox got his cunning (Kate-Marie Glover)

- Mertilou prépare l'été :
- The Blackbird's Secret (Kate-Marie Glover)

- La fille aux 200 doudous et autres pièces de théâtre pour enfants (les 6 pièces)
- La niña de los 200 peluches y otras obras de teatro para niños (María del Carmen Pulido Cortijo)

Chansons - CDs : (http://www.chansons.org)
Vivre Autrement (après les ruines)
Savoirs
CD Sarkozy selon Ternoise (parodies de chansons, 2006)

Mentions légales

Tous droits de traduction, de reproduction, d'utilisation, d'interprétation et d'adaptation réservés pour tous pays, pour toutes planètes, pour tous univers.

Site officiel : http://www.ecrivain.pro

Présentation des livres essentiels :
http://www.utopie.pro

Vous pouvez acquérir ces clichés au format originel du photographe, en droit de reproduction, exemplaires numérotés et signés, sur http://www.galerie.me

Dépôt légal à la publication au format ebook du 30 mai 2014.

Imprimé par CreateSpace, An Amazon.com Company pour le compte de l'auteur-éditeur indépendant **livrepapier.com.**

ISBN 978-2-36541-556-9
EAN 9782365415569
Valprionde, livre d'art de François-Antoine de Quercy
© Jean-Luc PETIT - BP 17 - 46800 Montcuq France
30 mai 2014

www.ingramcontent.com/pod-product-compliance
Lightning Source LLC
Chambersburg PA
CBHW070251230526
45470CB00002B/570